Erwin W. Lutzer

Wie kann ich wissen,
dass ich in den Himmel komme?

W0053198

Erwin W. Lutzer

Wie kann
ich wissen,
dass ich in den
HIMMEL
komme?

Bibelzitate nach der Revidierten Elberfelder Übersetzung,
© 2010 SCM R.Brockhaus im SCM-Verlag GmbH & Co. KG.

Lutzer, Erwin
Wie kann ich wissen, dass ich in den Himmel komme?

This book was first published in the United States by Moody
Publishers, 820 N. LaSalle Blvd., Chicago, IL 60610 with the title
How You Can Be Sure That You Will Spend Eternity With God
copyright © 1996 by Erwin W. Lutzer. Translated by permission.

ISBN 978-3-89436-693-3

© 1997 und 2010 der deutschen Ausgabe
Christliche Verlagsgesellschaft mbH, Dillenburg
www.cv-dillenburg.de
Übersetzung: Christiane Eichler, München
Satz: CV Dillenburg
Umschlaggestaltung: Christoph Ziegeler, www.pixel-kraft.de
Druck: CPI Moravia Books, Pohorelice

Printed in Czech Republic

Inhalt

Einleitung
Willkommen in der Ewigkeit

Fünf Minuten nach Ihrem Tod haben Sie entweder einen ersten Eindruck vom Himmel mit seiner Freude und Glückseligkeit gewonnen, oder aber eine erste Erfahrung unaufhörlichen Schreckens und unendlicher Reue gemacht. Auf jeden Fall ist ihre Zukunft zu diesem Zeitpunkt unwiderruflich festgelegt.

In diesen ersten Momenten werden Sie lebendiger sein als je zuvor während Ihres irdischen Lebens. Lebhafte Erinnerungen an Ihre Freunde und an Ihr irdisches Leben werden sich mit einer ehrfürchtigen Erwartung der Ewigkeit mischen. Sie haben Christus zum ersten Mal direkt gesehen oder aber Sie sind dem Bösen begegnet, wie sie es noch nicht erlebt haben. Und es wird zu spät sein, noch ihre Adresse zu ändern.

Zwei gegensätzliche Szenen kommen uns in den Sinn. In der einen sehen wir den selbstsicheren Reichen, der starb und in das Totenreich kam, wo er, wie Christus sagte,»*seine Augen aufschlug und in Qualen war*« (Lk 16,23). Alle seine Sinne waren funktionsfähig: Er konnte sehen, fühlen, hören und sich an sein Leben auf der Erde erinnern. Und sogar jetzt, wenn Sie dieses Buch lesen, hat er noch immer sein volles Bewusstsein und weiß, dass es für ihn keinen Ausweg aus seiner Lage gibt.

Das andere Bild, das uns vor Augen steht, ist das eines gekreuzigten Verbrechers, dem der sterbende Christus verspricht:»*Wahrlich, ich sage dir: Heute wirst du mit mir im Paradies sein.*« Auch seine Sinne waren funktionsfähig, und noch heute genießt er im Paradies die Gegenwart Jesu.

Wären Sie sehr erstaunt, wenn ich Ihnen sagen würde, dass Jesus lehrte, dass sich mehr Menschen auf dem Weg in die Hölle befinden als für die Ewigkeit bestimmt sind? Viel mehr Menschen werden bewusst schlimmste Qualen erleben, als begeisterte Freude.

Ist es uns nun möglich, schon in diesem Leben zu wissen, wo wir die Ewigkeit verbringen werden? Einige Ausleger sind der Meinung, dass dies nicht möglich sei, und beharren darauf, dass wir nur das Beste hoffen und auf die Gnade Gottes zählen können. Schließlich seien wir doch alle Sünder, und Gott sei heilig. Es gibt, so lautet ihre Argumentation, zu viele Unbekannte, zu viele verborgene Voraussetzungen und zu viele Meinungen. »Außerdem«, sagte mir ein Mann, »freue ich mich schon auf die Überraschung!«

Andererseits wäre es doch seltsam, wenn Gott uns in Unsicherheit ließe, irgendwo zwischen einer flackernden Hoffnung und ständigem Zweifel. Wenn er unser himmlischer Vater ist, wie Jesus gelehrt hat, dann würden wir doch erwarten, dass er uns eine solch lebenswichtige Information nicht vorenthält. Gott sei Dank, denn er hat es auch nicht getan.

Viele Menschen werden dem reichen Mann im Totenreich Gesellschaft leisten, nicht weil sie reich sind, sondern weil sie gut sind und sich darauf verlassen, dass ihre eigene Güte sie erretten wird. Trotz all ihrer Aufrichtigkeit werden sie sich auf der verkehrten Seite der Himmelstür wiederfinden. Oder vielleicht zählen sie auf die Gnade Gottes und wissen nicht, dass diese nur denen gewährt wird, die eine wichtige Bedingung erfüllen.

Zweifellos werden wir fünf Minuten nach unserem Tod einige Überraschungen erleben, aber es ist weitaus besser, von der unbeschreiblichen Herrlichkeit des Himmels als von den unbeschreiblichen Qualen der Hölle überrascht zu werden.

Man kann einen Fehler in der Rentenberechnung machen, man kann an den falschen Fußballverein glauben, man kann auch einen verkehrten Beruf ergreifen, aber Sie sollten sich keinen Fehler in Hinsicht auf Ihren Aufenthaltsort in der Ewigkeit leisten.

Dieses Buch will Sie auf einer Reise begleiten. Wir werden entdecken, warum wir schon jetzt wissen können, wo wir sein werden, wenn wir unseren letzten Atemzug getan haben.

Mit der Bibel in der einen Hand und mit Ihren Zweifeln und Fragen in der anderen wollen wir unsere Reise beginnen ...

Kapitel 1
Tragischer Irrglaube

Glaube kann Sie umbringen! Als Einwohner Chicagos erinnern sich meine Frau und ich noch lebhaft an den *Tylenol-Skandal* von 1982. Sie werden sich vielleicht erinnern, dass jemand, der einfach sinnlos morden wollte, einige Kapseln statt mit einem Medikament mit Blausäure füllte. Eine Frau, die ihr Schmerzmittel *Tylenol* in einer Apotheke nahe bei unserer Gemeinde kaufte, starb wenige Minuten, nachdem sie nur eine einzige falsche Kapsel genommen hatte. Insgesamt starben sieben ahnungslose Menschen.

Aus dieser Tragödie lassen sich zwei unvergessliche Lehren ziehen: Erstens: *Glaube an sich hat keinen besonderen Wert, denn er hat nicht die Macht, ein Gift unwirksam zu machen.* Sieben Menschen glaubten fest daran, ein Medikament zu sich zu nehmen, und nicht Gift. Aber ihr Glaube hat sie nicht gerettet. Im Gegenteil – er hat sie vielmehr umgebracht.

Unser Glaube ist nur so wirksam wie der Gegenstand unseres Glaubens. Oder, um es anders auszudrücken: Das, woran wir glauben, ist wesentlich wichtiger, als die Intensität unseres Glaubens. Das alte Klischee: »Es ist nicht so wichtig, an was du glaubst, wenn du nur aufrichtig bist«, ist schlicht und einfach falsch. Die Opfer des *Tylenol-Skandals* sind ein Beweis dafür. Es ist besser, mit zitternden Knien die Wahrheit zu glauben, als voller Selbstvertrauen einem Irrtum aufzusitzen. Es ist wirklich entscheidend, an *was* Sie glauben.

Eine zweite Lehre müssen wir aus dem *Tylenol-Skandal* ziehen, die jedoch erschreckend ist: Manchmal ist ein Irrglaube dem Glauben an die Wahrheit äußerst ähnlich. Oberflächlich betrachtet, sah die Blausäure genauso aus wie das *Tylenol*-Pulver. Die Aufschrift sah echt aus, und es schien so, als brauche man dem Inhalt nicht zu misstrauen. Die Kapseln versprachen, den Schmerz zu lindern, und doch konnte eine einzige davon einen Menschen umbringen.

Jesus lehrte, dass viele Menschen, die einen starken und ausdauernden Glauben haben, eines Tages entdecken müssen, dass *ihr* Glaube sie nicht retten konnte. Zu ihrem ewigen Verdruss werden sie es erleben, dass ihnen die Himmelstür buchstäblich vor der Nase zugeschlagen wird. Sie werden die Ewigkeit auf der falschen Seite der Himmelstür verbringen.

Vielleicht können wir dieses Gefühl am besten vermitteln, wenn wir ein Beispiel aus unserer heutigen Welt wählen. Man stelle sich vor, man habe sich in einem Sumpf verirrt. Ein Rettungsflugzeug fliegt gerade über Ihrem Kopf. Sie wollen winken und rufen, doch Sie wissen, dass der Pilot Sie nicht sieht. Sie haben keine Kraft mehr, in die Zivilisation zurückzuwandern, und weil Sie die Richtung nicht mehr wissen, würde es noch nicht einmal etwas nützen, wenn Sie es könnten. Weil Ihre Kameraden gestorben sind, als ihr Flugzeug vor drei Tagen abgestürzt ist, sind Sie vollkommen einsam.

Sie starren in die Nacht und wissen, dass Sie sich nur noch in den Schmutz legen können, um zu sterben. Sie sehnen sich nach jemandem, der Ihnen Gesellschaft leisten kann, doch Sie müssen Ihre Verzweiflung allein tragen. Wellen der Angst vertreiben Ihre mutigen Gedanken von gestern. Sie haben schon hohes Fieber und können nur noch im Delirium auf das Ende warten.

Dieses Gefühl nun müssen wir ins Unendliche projizieren. Sie sehen den Himmel, einige Ihrer Freunde, aber Jesus sagt Ihnen, dass Sie für immer draußen bleiben müssen. Es gibt keine zweite Chance, keine Gelegenheit, am nächsten Tag noch einmal mit den richtigen Papieren zurückzukommen. Sie können ihre Reiseroute nicht mehr ändern. Sie drehen sich um und kehren niemals zurück. Sie starren in die Finsternis vor Ihnen, und es ist Ihnen bewusst, dass Sie das Reich der Einsamkeit, Dunkelheit und des moralischen Chaos betreten müssen.

Die Worte Dantes kommen Ihnen in den Sinn, die Sie schon lange vergessen hatten:»Lasst alle Hoffnung fahren, die ihr hier eintretet.« Ich wünschte mir, es wäre nicht so. Und ich weiß, dass Sie genauso denken. Doch Jesus hat gelehrt, dass viele, die erwarten, dass sich die Tore des Himmels für sie weit auftun werden, voller Schrecken mitansehen müssen, wie sie vor ihnen verschlossen werden. Ihr Ausschluss aus seiner Gegenwart ist endgültig, und zwar für die Ewigkeit. Die Worte, mit denen Jesus ihnen den Eintritt verwehrt, werden auf ewig in ihren Ohren widerklingen.

Lassen Sie uns diese Worte von den Lippen Jesu hören:

»Nicht jeder, der zu mir sagt: Herr, Herr! wird in das Reich der Himmel eingehen, sondern wer den Willen meines Vaters tut, der in den Himmeln ist. Viele werden an jenem Tage zu mir sagen: Herr, Herr! Haben wir nicht durch deinen Namen geweissagt und durch deinen Namen Dämonen ausgetrieben und durch deinen Namen viele Wunderwerke getan? Und dann werde ich ihnen bekennen: Ich habe euch niemals gekannt. Weicht von mir, ihr Übeltäter!« (Mt 7,21-23)

Diese Menschen glaubten nicht im Traum daran, von Jesus zurückgewiesen zu werden. Schließlich hatten sie ihn als Herrn anerkannt und dienten ihm. Sie hatten einen ganzen Sack geistlicher Erfahrungen, um die sie normale Leute wie Sie und ich beneiden würden. Mich friert, wenn ich mir ihre enttäuschten Gesichter vorstelle.

Diese religiösen Leute hatten Glauben, und zwar höchstens zu viel davon! Sie vertrauten darauf, in den Himmel zu kommen. Wenn man ihnen zuhörte, bekam man den Eindruck, dass sie einen Platz in der ersten Reihe der himmlischen Kathedrale reserviert hätten. Und nun das!

Würde man ihr Leben einer kritischen Prüfung unterziehen, dann würde man herausfinden, dass sie nicht gerade halbherzige Sünder waren, die sonntags in die Kirche rannten, aber sich während der Woche nicht mehr um Gott kümmerten. Sie waren zuverlässige Leute, die Jahr um Jahr die Tür der Kirche offen hielten. Sie taten im Namen Jesu sogar Wunder. Sie trieben Dämonen aus und konnten sich auf eine lange Liste guter Taten berufen. Sie meinten, dass Jesus ihr Erlöser sei, und nicht ihr Richter. Diese guten Menschen wurden betrogen, so dass sie statt einer Medizin Blausäure zu sich nahmen.

Natürlich ist es leicht für uns anzunehmen, dass *wir* wissen, von wem Jesus hier sprach. Gestern hörte ich einen Fernsehprediger reden, als ob Gott nichts tun würde, ohne es mit ihm, dem Prediger, vorher abzusprechen (das ist ein wenig übertrieben, aber Sie wissen vielleicht, was ich meine). Er erzählte wunderbare Geschichten über seinen Dienst an den Armen. Er beschrieb all die Wunder, die Gott durch ihn tat. Vielleicht war das alles wahr, vielleicht auch falsch, wahrscheinlich aber ein bisschen von beiden. Sagen wir, Gott wird sein Richter sein.

Wir sollten Jesus nicht missverstehen. Er möchte nicht, dass wir denken, dass diejenigen, die für sich außerordentliche Erfahrungen im Glauben beanspruchen, sich im Irrtum befinden. Seine Warnung war viel grundsätzlicher: *Wenn schon die Leute, die am allerwahr-scheinlichsten in den Himmel kommen werden, aus diesem Himmel ausgeschlossen werden, dann werden sehr viele normale Leute die-selbe schreckliche Erfahrung machen.*

Viele aufrichtige Menschen, die wirklich ihren Glauben leben, viele, die sich nie wegen ihrer Beziehung zu Gott aufspielen würden, und viele, die einfach nur still glauben und sogar gute Werke tun, um ihren Glauben zu beweisen – auch die könnten den Eingang in den Himmel verfehlen.

Ich bin sehr froh, dass Jesus uns nicht im Unklaren darüber gelassen hat, warum sich einige Leute auf der falschen Seite des Himmelstores wiederfinden werden. Es wäre nicht besonders freundlich gewesen, uns hier im Ungewissen zu lassen, sondern hätte uns in Zweifeln und über unsere ungewisse Zukunft nachgrübelnd zurückgelassen. Was wir nötig haben, ist Licht, um den richtigen Weg zu finden. Erst kürzlich habe ich von einem sehr müden Mann gelesen, der sich spät abends ein Zimmer in einem Motel nahm. Er schaute aus dem Fenster in die Finsternis, als er die Jalousie herunterließ. Bald darauf sank er in einen tiefen Schlaf. Als er aufwachte, und die Jalousie wieder öffnete, sah er den majestätischen *Mount Rainier* vor seinem Fenster. Der Berg war die ganze Zeit dort gewesen, auch in der Dunkelheit. Aber er konnte ihn nicht sehen, ehe ihm das Sonnenlicht nicht zeigte, wo er war.

Genauso ist die Wahrheit. Wir können sie uns nicht ausdenken. Wir können sie uns nicht durch Taschenspielertricks schaffen. Wir können sie nur in der Gegenwart des Lichtes Gottes entdecken, wie sie uns in der Bibel offenbart ist. Genauso, wie die Sonne es uns ermöglicht zu sehen, wo wir uns auf dieser Erde befinden, so kann das Licht einer anderen Sonne (Christus) uns helfen zu sehen, wo wir uns geistlich befinden. *Und ich bin der festen Überzeugung, dass er möchte, dass wir wissen, ob wir die Ewigkeit bei ihm zubringen.*

Der Zweck dieses Buches ist es, uns allen verstehen zu helfen, was Jesus getan hat, damit wir wissen können, wohin wir gehen und dass für uns ein Platz im Himmel reserviert ist. Ich glaube, dass wir genauso sicher sein können wie die ersten Jünger, dass unsere ewige Zukunft gesichert ist. Hören wir einfach, was Jesus ihnen versprochen hat:

»Euer Herz werde nicht bestürzt. Ihr glaubt an Gott, glaubt auch an mich. Im Hause meines Vaters sind viele Wohnungen. Wenn es nicht so wäre, würde ich euch gesagt haben: Ich gehe hin, euch eine Stätte zu bereiten? Und wenn ich hingehe und euch eine Stätte bereite, so komme ich wieder und werde euch zu mir nehmen, damit auch ihr seid, wo ich bin« (Joh 14,1-3).

Das Neue Testament lädt jeden ein, ganz gleichgültig, was für eine Vergangenheit er hat, die Sicherheit zu haben, dass er von Christus in die Herrlichkeit einer personalen, himmlischen Existenz geleitet wird. Es ist interessant, dass Jesus lehrte, nur wenige Menschen würden dieses Angebot annehmen. Ehe ich erkläre warum, sollten wir uns ansehen, wie Jesus die beiden Wege beschreibt, die in entgegengesetzte Richtungen führen.

Eine Weggabelung

Vor einiger Zeit sprach ich mit einer Frau über die Glaubwürdigkeit Jesu. Die Frau sagte:»Ich glaube, dass es viele Wege zu Gott gibt. Jeder kann auf seinem eigenen Weg kommen.« Ich sagte ihr, dass ich mir wünschte, dass das wahr wäre, doch ich hatte nun die Wahl – sollte ich ihrer gutgemeinten Ansicht glauben, oder sollte ich lieber glauben, was Jesus selbst zu sagen hat? Er war nicht so weitherzig wie so manche Gurus, die heute in den Schlagzeilen auftauchen.

Jesus betonte, dass es einen schmalen Weg gibt, der zum ewigen Leben führt, dass es aber auch eine breite Straße gibt, die in den ewigen Tod führt. Ganz klar beschreibt er zwei verschiedene Pforten und damit zwei Wege und zwei unterschiedliche Ziele. Wir wollen nun auf seine eigenen Worte hören:

»Geht ein durch die enge Pforte; denn weit ist die Pforte und breit der Weg, der zum Verderben führt, und viele sind, die auf ihm hineingehen. Denn eng ist die Pforte und schmal der Weg, der zum Leben führt, und wenige sind, die ihn finden« (Mt 7,13-14).

Man stelle sich eine mehrspurige Autobahn vor. Jede Spur hat ihre eigene Religion, Philosophie und Weltanschauung. Die populäre Meinung heute ist, dass wir unseren eigenen Glauben auswählen können, unsere Kirche oder persönliche Philosophie. Wir können sogar die Spur wechseln, wenn wir wollen. Jeder erreicht das Ziel, jeder freut sich, jeder gewinnt. Der Spaß liegt in der Reise selbst.

Es stimmt natürlich, wenn Sie sich auf einer Autobahn befinden, dann ist es letztlich gleichgültig, welche Spur Sie wählen. Und Sie können so oft die Spur wechseln, wie es Ihnen Spaß macht. Und am Ende erreichen Sie dasselbe Ziel wie die Leute, die links an Ihnen vorbei zischen, oder die Schlafmützen, die Sie selbst überholt haben. Es kommt nicht darauf an, auf welcher Spur man sich befindet. Ihr Ziel wird davon bestimmt, auf welcher Autobahn Sie sich befinden. Auf welcher Spur Sie fahren, ist ganz egal. Aber Ihr Bestimmungsort nicht.

Nun wird es schwierig. Jesus sagt nämlich, dass diese breite Autobahn, von der viele meinen, sie trüge die Aufschrift »Weg zum Himmel«, in Wirklichkeit die Aufschrift »Weg zur Hölle« trägt. Schon im Alten Testament lesen wir: *»Da ist ein Weg, der einem Menschen gerade erscheint, aber zuletzt sind es Wege des Todes«* (Spr 14,12). Auf einer Blausäurekapsel steht »Tylenol«.

Im Gegensatz dazu, sagt Christus, ist der Weg zum Leben schmal, und es sind *»wenige, die ihn finden«.* Hier gibt es nur eine Spur. Die Reisenden sind verschieden, auch unterschiedlich groß, aber wie wir sehen werden, haben sie eine Anzahl von Glaubenssätzen gemeinsam. Der Weg ist zu schmal, um einer großen Menge unterschiedlicher Meinungen über Religion im Allgemeinen und über

Jesus Christus im Besonderen Platz zu bieten. Aber ich greife hier schon voraus.

Es gibt mehr Menschen auf dem breiten Weg als auf dem schmalen. Und wenn wir nicht aufpassen, dann werden wir die beiden Wege verwechseln. Fragen Sie nur die Menschen, die erwartet haben, in den Himmel zu kommen, doch von Jesus wieder weggeschickt wurden. Er bezeichnete diejenigen, die ansonsten recht gute Menschen waren, als *»Übeltäter«*.

Kein Wunder, dass John Bunyan in seiner *»Pilgerreise zur ewigen Seligkeit«* schrieb: »Und ich sah, dass es sogar vom Himmelstor direkt einen Weg zur Hölle gab!« Genau das ist der Fall.

Drei Spuren auf der Autobahn

Es gibt viele Irrwege, doch nur einen einzigen richtigen Weg, der zu Gott führt. Wir brauchen nicht alle Irrwege genau unterscheiden zu können, denn wenn wir genau hinsehen, werden wir trotz aller Unterschiede entdecken, dass alle eines gemeinsam haben. Versuchen Sie, dies herauszufinden, während ich drei Spuren der Autobahn beschreibe, die in die falsche Richtung führt.

Die Aufsteiger-Typen

Während ich in einem Flugzeug saß, unterhielt ich mich mit einem Mann, der zu mir sagte:»Meine größte Angst ist es, am Tag des Gerichts hinter Mutter Teresa zu stehen und zu hören, wie der Herr zu ihr sagt: ›Meine Dame, Sie hätten noch viel mehr tun können!‹« Dieser Mann war ein Streber, der versuchte, die Leiter zu Gott hochzusteigen, aber sich nicht sicher war, ob er überhaupt schon die erste Sprosse erklommen hatte!

Auch wenn es Variationen gibt, so haben Sie doch sicherlich schon dutzendemal Folgendes gehört: Gott hat uns ein Gewissen gegeben, eine sittliche Natur, die (so unvollkommen sie sein mag) zwischen Gut und Böse unterscheiden kann. Er gibt uns die Fähigkeit, gute Werke zu tun, die die Seele reinigen können. Unsere Aufgabe ist es, diese Gaben so gut wir können zu nutzen.

Andachten, Gebete und geistliche Übungen helfen uns, Sprosse für Sprosse die Leiter hinaufzuklettern. Und obwohl wir nicht so viel tun, wie wir könnten, können wir uns auf Gottes Gnade verlassen, dass er den Rest dazutut. Wie das Sprichwort sagt: »Hilf dir selbst, dann hilft dir Gott.«

Es ist wahrscheinlich, dass viele Ihrer Freunde das glauben. Sie selbst vielleicht auch. Wenn Sie ein Perfektionist sind oder wenn Sie sich alles, was Sie haben, hart erarbeiten mussten, dann wird dieser Weg Ihnen sicherlich gefallen. Nach einer Umfrage glauben fast alle Amerikaner daran, dass sie gut genug seien, um in den Himmel zu kommen. Das bedeutet nicht, dass sie sich für vollkommen halten, aber sie sind der Auffassung, dass sie mindestens genauso gut, wenn nicht besser sind als andere. Sogar diejenigen, die nicht zur Kirche gehen, glauben, dass sie gute Chancen haben, »dabei zu sein«.

Ich stelle den Leuten dann oft die folgende Frage: »Wenn Sie heute sterben müssten, und Gott würde zu Ihnen sagen: ›Warum sollte ich ausgerechnet *dich* in den Himmel lassen?‹, was würden Sie dann antworten?« Neun von zehn würden so etwas antworten wie: »Ich denke, dass ich ein recht guter Mensch bin, und ich möchte noch immer mehr an mir arbeiten.«

Im Moment sollten wir diese Antwort einfach einmal im Hinterkopf behalten. Wir werden später weiter darüber nachdenken.

Die Frommen

Vielleicht sind Sie erstaunt, dass ich die Frommen zu denen zähle, die »nicht dabei« sind, und dass ich diesen Weg für eine Spur auf der breiten Autobahn halte. »Schließlich«, so werden Sie sagen, »wenn uns nicht Frömmigkeit zu Gott bringt, was dann?«

Aber denken wir einen Augenblick darüber nach. Die Leute, die Jesus weggeschickt hatte, waren ganz bestimmt fromm. Ich habe den Eindruck, dass diese Menschen Gott nicht nur gelegentlich dienten, sondern dass es sich bei ihnen um einen Lebensstil handelte. Als sie an die Himmelstür klopften, meinten sie, sie würden deshalb hineinkommen, weil sie so viele fromme Werke im Namen Jesu getan hätten.

Frömmigkeit kann viele Formen annehmen. Für die einen geht es dabei um Sakramente, die nach ihrer Auffassung Gnadenmittel für die Gläubigen sind. Die Kirche, so argumentiert man, hat die Vollmacht, unsere unvollkommenen Werke vollkommen zu machen.

Für andere bedeutet Frömmigkeit, die ethischen Grundsätze Jesu zu durchdenken und zu versuchen, nach diesen Vorgaben zu leben. Wissen, kombiniert mit der rechten Motivation, hilft uns, ein gottgefälliges Leben zu führen, sagen sie.

Wir alle kennen solche Menschen, die behaupten, Gott in der Natur zu begegnen. Das Nachdenken über die Werke Gottes hilft zur Gotteserkenntnis, sagen sie.

Wie Sie alle wissen, gibt es Dutzende unterschiedlicher Religionen auf der Welt, und jede hat ihre eigenen Glaubenssätze, ihre Ethik und ihre Erwartungen. Religion, wenn wir sie im weiteren Sinne betrachten, ist vielfältiger als die meisten Leute sich bewusst sind.

Doch letztlich ist Frömmigkeit eigentlich nur eine Variante der »Aufsteiger-Theorie«. Die Religion definiert in diesem Fall nur sorgfältiger die Sprossen der religiösen Erfolgsleiter und stellt die Hoffnungen klarer dar. Und natürlich bittet man Gott oft um Hilfe. Doch Religion oder Frömmigkeit an sich sind noch nicht der Weg.

Wir werden das später noch begründen.

Die Mystiker

Natürlich sind die Mystiker auch fromm, doch habe ich ihnen ihre eigene Kategorie gegeben, weil sie einzigartige Menschen sind, die normalerweise noch intensiver als andere Menschen nach Gott suchen. Über Jahre haben einige hingegebene Menschen (und Gott möge sie dafür segnen) die Welt verleugnet und sich in Klöstern eingeschlossen, um Gott zu finden. Vielleicht gibt es heute nicht mehr viele, die das tun, aber die Vorstellung, dass wir Gott in uns durch Meditation und Konzentration finden können, findet immer mehr Anhänger.

Ich habe oft die christlichen Mystiker bewundert, diese wundervollen Menschen, die ihren Glauben so ernst nehmen können. Diese Männer und Frauen haben als Wahlspruch das Wort Jesu: »*Du sollst den Herrn, deinen Gott, lieben mit deinem ganzen Herzen und mit deiner ganzen Seele und mit deinem ganzen Verstand*« (Mt 22,37). Sie fasten und beten, sie denken über die Bibel und andere erbauliche Literatur nach. Sie versuchen, mit der Sünde fertig zu werden, die immer wieder in ihrem Herzen aufkeimt, so dass sie Gott mit reinen Motiven lieben können.

Sicherlich haben einige Mystiker Gott gefunden, doch nicht auf die Art und Weise oder aus dem Grund, den sie angenommen hatten. Die Versuchung war immer da, auf irgendeine Weise einer Aufsteiger-Theorie zu verfallen, die eigene Seele so zu verwandeln, dass man für Gott würdig genug wäre. Die Erlösung durch Mystik zu finden, war eine so harte Arbeit, dass kaum ein Mystiker wusste, wann er je Gott erreicht hätte. Die meisten glaubten sogar, dass es nicht möglich sei, dies zu wissen.

Die heutigen Anhänger des *New Age* sind einer anderen Art des Mystizismus verfallen, einer Spiritualität, die innere Begegnung mit dem Gott oder den Göttern sucht. Meditations- und Selbsterfahrungs-Techniken versprechen, dass Gott nur darauf wartet, entdeckt zu werden. Normalerweise geht es darum, die eigene Identität aufzugeben und mit dem Göttlichen, dem Ewigen »eins« zu werden.

Diese Menschen glauben, dass Gott für jeden erreichbar ist, der ihn sucht. Oft glauben sie auch, dass er in jeder Religion dieser Welt zu finden ist. Wenn Gott doch in uns allen ist, dann steht er auch jedermann jederzeit und an jedem Ort zur Verfügung. Wir brauchen nur den Schlüssel zu finden, und die Tür zur Spiritualität wird sich weit öffnen.

Doch, wie wir sehen werden, ist die Himmelstür verriegelt.

Verdrehte Wegweiser

Sicherlich sehen diese Spuren auf der Autobahn so aus, als könnten sie zum richtigen Ziel führen. Wenn die Erlösung (d. h. Versöhnung mit Gott) jedoch nicht dadurch erreicht wird, dass ich versuche, ein besserer Mensch zu werden, was bleibt dann noch? Was könnte richtiger erscheinen als die Ansicht, dass wir Gottes Gnade annehmen, das Beste aus unserem Leben zu machen, und erwarten, dass er das dazutut, was wir nicht können? Und was könnte wohl falsch daran sein, Gott in uns selbst zu finden? Doch die Reisenden auf diesem Weg werden manche Unebenheit finden – Barrikaden wäre vielleicht der bessere Ausdruck.

Ein Freund von mir erzählte einmal, wie schuldig er sich gefühlt habe, als er als Junge einen Wegweiser an einer Straße verdreht hatte und sah, wie er die Autofahrer damit in die Irre führte. Wegweiser sind wichtig, doch wenn das Verkehrte darauf steht, dann kann das verheerende Folgen haben.

Die drei oben angeführten Wege enthalten einen gemeinsamen Irrtum: *Sie überschätzen unsere eigenen Fähigkeiten und unterschätzen Gottes Heiligkeit.* Sie funktionieren nur, wenn wir eine verzerrte Meinung von uns selbst haben. Wir sehen Schattierungen von Gutsein und Schlechtsein, und solange wir uns mit anderen vergleichen, können wir unserer Meinung nach sicher sein, dass wir der Liebe und Vergebung Gottes würdig sind.

Wir kennen alle das befriedigende Gefühl, wenn wir unsere »tägliche gute Tat« vollbracht haben. Wenn wir die zweite Meile gehen, indem wir auf die Kinder der Nachbarn aufpassen, ein wenig Geld für einen guten Zweck spenden, ein ehrliches Geschäft abschließen, dann sind wir stolz darauf, was für gute Menschen wir doch sind. Und wenn wir dann die Zeitung aufschlagen und von Menschen lesen, die morden und stehlen, dann sind wir stolz, dass wir doch wirklich ganz anders (und besser) sind. Wir mögen sogar auf den Gedanken verfallen, wie viel besser die Welt doch wäre, wenn jeder so wäre wie wir.

Unser Problem besteht jedoch darin, dass wir uns selbst mit dem verkehrten Ende eines Fernrohres betrachten. Wir sind eigentlich viel weiter von Gott entfernt, als wir uns das vorstellen können. Je besser wir Gott verstehen, desto überzeugter werden wir davon sein, dass wir keinerlei moralische Ähnlichkeit mit ihm haben. Es stellt sich heraus, dass wir einem Jungen gleichen, der behauptet, er wäre über zwei Meter groß, jedenfalls nach dem Zollstock, den er selbst gemacht hat!

Ich kann nicht für Sie sprechen, doch mein Problem besteht darin, dass ich nicht besonders gut darin bin, die Leiter zu Gott zu erklimmen. Ganz gleich, wie sehr ich es auch versuche, mein Wesen, meine Natur bleibt unverändert. Ich kann mir vornehmen, mich zu bessern, und manchmal habe ich sogar kleine Erfolge damit, doch bleibe ich letztlich innerlich derselbe. Mein Problem ist, dass ich vielleicht eine Sprosse der Leiter erklimme, aber schon bald darauf wieder zwei zurückfalle. Immer wieder mache ich etwas falsch.

Wenn wir wirklich erkennen könnten, wie heilig Gott ist, dann, so bin ich sicher, würden wir ganz schnell zugeben, dass wir uns darin getäuscht haben, wie weit wir die Leiter schon erklommen haben. Tatsache ist, dass wir unser wahres Wesen sogar vor uns selbst verbergen, denn unter all unseren Hüllen sind wir bösartige Sünder. Ich stimme Augustinus zu, der gesagt hat: »Wer glaubt, dass Gott heilig ist, wird daran verzweifeln, ihm zu gefallen.«

Später in diesem Buch werde ich erklären, warum Menschen, die scheinbar Schritte zu Gott hin machen, sich in Wirklichkeit von ihm entfernen. Wir werden sehen, dass es umso unwahrscheinlicher wird, dass wir den Himmel erreichen, je mehr wir uns anstrengen. *Unsere guten Werke geben uns eine falsche Sicherheit, weil sie unser eigentliches Problem verschleiern.*

Kirchliche Rituale und Zeremonien helfen ebenfalls nicht viel. Das Problem besteht darin, dass ich, wenn ich Gnade anhäufe durch Sakramente, gute Taten und intensives Lernen, nie weiß, wann ich denn genug getan habe. Auch wenn ich meine vergangenen Sünden aufwiegen könnte, morgen ist wieder ein Tag, an dem ich sündigen kann.

Sogar die Mystiker mussten zugeben, dass sie, je sorgfältiger sie ihre Herzen erforschten, immer mehr erkennen mussten, dass sie Gott nicht ohne Selbstsucht lieben konnten. Je näher sie Gott kamen, desto deutlicher sahen sie ihre Zwiespältigkeit. Natürlich liebten sie Gott, doch vielleicht nur aus Angst vor der Hölle oder aus einem Verlangen nach Selbstverwirklichung. Wer kann sagen, dass er Gott aus reinen, selbstlosen Motiven heraus liebt?

Gott wirklich zu lieben bedeutet, die Sünde zu hassen. So versuchten diese aufrichtigen Menschen, in sich Hassgefühle gegen etwas zu erzeugen, von dem sie wussten, dass sie es heimlich liebten! Wie sehr sie sich auch immer anstrengten, sie schafften es jedoch nicht, die Sünde aus ihren Herzen auszurotten. Begierde, Lüste, Neid, Eigenwille – all dies schlummerte noch immer in ihrer Seele. Unbeantwortet blieb dabei die Frage, wie ein heiliger Gott ihnen in ihrer ungereinigten Seele begegnen könnte. Je mehr sie ihr Herz erforschten, desto mehr Sünde erkannten sie.

Was immer man über den Weg der Mystiker aussagen kann, auf jeden Fall war dieser Weg nicht für jeden zu bewältigen. Die normalen Menschen, die viele Stunden für ihren Unterhalt arbeiten mussten, hatten weder Zeit noch Gelegenheit, ihr Leben der mystischen Betrachtung Gottes zu widmen. Und wenn diejenigen, die es konnten, bekennen mussten, dass sie starben, ohne ihrer Erlösung sicher zu sein, dann stellt sich die Frage: Warum sollte man sich dann überhaupt darum kümmern?

Als unsere älteste Tochter zehn Jahre alt war, überredete sie uns, einen Hamster zu kaufen. Mir tat das arme Tierchen leid, das jeden Tag stundenlang Zeit in seinem Laufrad verbrachte. Meine Reaktion darauf war, dass ich die Achse des Laufrades ölte, damit sie nicht so quietschte. Wenn man sich schon in einer Tretmühle befindet, dann sollte man damit wenigstens andere nicht stören!

Es gibt so etwas wie eine religiöse Tretmühle. Wenn wir uns in dieser Tretmühle befinden, dann gibt es sicherlich keine Befreiung davon, täglich zu erkennen, dass wir nie genug tun, und es gibt keinen Ausweg aus der Sorge, dass Gott, nachdem wir all unsere Energie verbraucht haben, die Stange einfach noch ein wenig höher hängen könnte. Wir haben Mitleid mit dem Mann, der fürchtete, dass Gott Mutter Theresa sagen könnte, sie hätte mehr tun können.

Einige Menschen haben nun einfach beschlossen, aus dieser Tretmühle auszubrechen. Sie kümmern sich nicht mehr um Religion, und scheinen damit zufrieden zu sein, einfach das Beste zu tun, was sie können, und zu hoffen, dass alles gut geht. Und viele fühlen sich danach wirklich besser.

Der schmale Weg zum Leben

C. S. Lewis hat gesagt: »Die sicherste Straße zur Hölle ist nur ganz leicht abschüssig, eine sanfte Abwärtsneigung, auf der unsere Füße sanft gehen, ohne plötzliche Kurven, ohne Meilensteine, ohne Wegweiser.« Oder, wie wir erfahren haben, es handelt sich um eine attraktive, gutbefahrene Autobahn mit falschen Wegweisern. Sie sind sich einfach sicher, dass so viele wohlmeinende Menschen sich nicht irren können.

Doch wenn die Spur, die so gut aussieht, eigentlich auf dem »breiten Weg, der ins Verderben führt« ist, wie Jesus es ausgedrückt hat, wie können wir dann den schmalen Weg erkennen, der zum Leben führt? Und wie können wir uns sicher sein, dass wir den richtigen gewählt haben? Diese Frage werden wir später ausführlicher beantworten. Jetzt sollten wir einfach einmal darüber nachdenken, wie der schmale Weg nach dem, was wir bisher überlegt haben, aussehen müsste.

Da wir immer wieder beim Erklettern der Leiter hin zu Gott versagen werden, ist es notwendig, dass Gott selbst die Leiter hinabsteigt und uns rettet. Es ist notwendig, dass Gott einen Plan durchführt, der so radikal, so drastisch ist, dass er ohne unsere zwielichtige Bemühung auskommt. Wir brauchen einen großartigen Plan, der alle unsere Fehler überwinden kann.

Wir brauchen einen Weg, der nicht nur die Menschen anspricht, die einen natürlichen Hang zum Religiösen haben; wir brauchen eine Hilfe, die sich nicht auf diejenigen beschränkt, die aus gutem Elternhaus stammen und es geschafft haben, sich von ernsteren Delikten fernzuhalten. Der schmale Weg muss für alle Menschen wirksam sein, ganz gleich, welcher Rasse sie angehören oder welche sozialen oder finanziellen Vorteile (oder Nachteile) sie gehabt haben.

Realistisch gesehen müsste dieser Weg auch denen offen stehen, die ganz klar »Mist gebaut« haben. Sie mögen an einen Alkoholiker denken, einen Frauenschänder oder sogar einen Mörder, die alle zu verdorben, zu heruntergekommen sind, um auch die menschenfreundlichste Leiter zu erklimmen. Einige Leute sind, um im Bild zu bleiben, einfach von der Leiter gefallen. Eigentlich sogar wir alle.

Als Pastor einer Gemeinde mitten in Chicago habe ich erkannt, dass viele Menschen (und zwar mehr, als wir zugeben möchten) schlimme Dinge getan haben, die sie nicht mehr ändern können. Ich bin Menschen begegnet, die das Leben anderer zerstört haben, und zwar durch Misshandlung, Drogen und Verbrechen. Einige haben kaputte Ehen, Kinder, die ihnen den Rücken zugekehrt haben, und verdorbene Karrieren. Einige haben dicke Flecken auf ihrer weißen Weste, die sie zwar gut zu verbergen wissen, die jedoch ihr Gewissen quälen, sobald Stille und Einsamkeit einkehren.

Diese Menschen wissen überhaupt nicht, wo sie anfangen sollen, um mit ihrer Schuld und ihrem Versagen fertig zu werden. Sie haben viel zu viel angerichtet, um sich noch mit guten Werken erlösen zu können. Niemand weiß, wie viel Gnade sie anhäufen müssten, damit sie heilig genug sind, um von Gott angenommen zu werden. Für sie ist es unmöglich, die eben kurz besprochenen Wege zu begehen.

Das letzte Argument lautet: Wenn es einen Weg gibt, der wirklich zu Gott führt, sollten wir das wissen. Um es anders auszudrücken: Wir müssten die Sicherheit haben, dass unsere Beziehung zu Gott auf einem sicheren Fundament steht.

Wonach ich mich sehne, und wonach sich wohl jeder Mensch sehnt, ist das Wissen, dass meine Beziehung zu Gott sicher ist, und zwar für immer – nicht nur heute, sondern auch morgen und in der Ewigkeit. Und dieses Wissen sollte allen zugänglich sein, die sich ehrlich danach sehnen, ganz gleich, wie sehr sie versagt haben, ganz gleich, wie groß ihre Sünde und ihre Verbrechen sein mögen.

Weder Ihnen noch mir ist daran gelegen, zu denen zu gehören, die vom Himmel ausgeschlossen werden, weil sie den falschen Weg gegangen sind. Wir sollten bereit sein, unsere Überzeugung zu hinterfragen, statt dies aus Furcht zu vermeiden. Jesus lehrte, dass unser ewiges Schicksal davon abhängt, was wir glauben und was wir mit diesem Glauben tun.

Deshalb sollten wir diese Fragen mit einem offenen Herzen und viel Lernbereitschaft angehen. Wir sollten es zulassen, dass Überzeugungen geprüft werden. Eines Tages werden viele voller Reue einsehen müssen, dass ein Glaube an das Verkehrte schlimmer ist als kein Glaube.

Es geht nicht um die Frage, ob die Wege gut aussehen oder ob unser Gefühl uns sagt, dass wir auf dem richtigen Weg sind. Es geht darum: Handelt es sich um Gottes Weg oder um das, von dem ich meine, dass es Gottes Weg ist?

Bleiben Sie am Ball!

Kapitel 2
Warum die Gnade
so wunderbar ist

»Ich war zu allem fähig. Ich hatte nicht die geringste Furcht vor Gott. Ich habe nicht nur selber gesündigt, sondern machte es zu einem Sport, andere zu versuchen und zu verführen.«

Diese Worte hat John Newton geschrieben, der ein so schlimmer Verbrecher war, dass er seine Freunde aufforderte, sich eine neue Sünde auszudenken, die er noch nicht begangen hatte. Er war ein grausamer Sklavenhändler und gab sich für einen überzeugten Atheisten aus – und da Gott in seinem Leben keine Rolle spielte, war alles möglich.

Doch am 10. März 1748, als er sich an Bord der *Greyhound* befand, die gerade von einem wütenden Sturm in Stücke gerissen wurde, erinnerte sich Newton an Gott. Nachdem er stundenlang vergeblich versucht hatte, das Wasser aus dem Schiff zu pumpen, dämmerte es Newton, dass der Tod vielleicht unausweichlich sei. Er ging zum Kapitän und machte einen letzten Vorschlag, wie das Schiff vielleicht zu retten sei, und fügte dann hinzu:»Wenn das nicht klappt, dann Gnade uns Gott!«

Es war das erste Mal, dass er bewusst davon gesprochen hatte, die Gnade Gottes nötig zu haben. Nun stand er vor der unausgesprochenen Frage: Welche Gnade kann es für *mich* noch geben? Er kehrte an seine Pumpe zurück, wo er zusammen mit einem Gefährten von dem eiskalten Wasser durchnässt wurde. Als der Sturm schließlich etwas nachließ, banden er und sein Gefährte sich mit Stricken an den Pumpen fest, damit sie nicht von den Brechern über Bord gespült würden. In seiner Angst rasten ihm Bibelverse durch den Sinn, die seine

Mutter ihn gelehrt hatte. »*Weil ich rief und ihr euch weigertet, weil ich meine Hand ausstreckte und niemand aufmerkte, so will auch ich bei eurem Unglück lachen, will spotten, wenn der Schrecken über euch kommt*« (Spr 1,24.26). Er hatte über Gott gelacht, und nun lachte Gott über ihn. Die Worte ließen ihn nicht mehr los.

Jedesmal, wenn das Schiff sich zur Seite legte und ein Wasserberg es umschloss, war er überzeugt, dass das Schiff im nächsten Augenblick in Stücke zerrissen würde. Und trotzdem war er auch an diesem Punkt noch nicht überzeugt, dass die christliche Religion wahr sei. Er hatte die Wunder des Neuen Testaments so lange belächelt, dass es ihm auch jetzt noch schwerfiel zu glauben.

Als am nächsten Tag der Sturm nachließ, nahmen die Seeleute ihre normale Arbeit wieder auf, ohne dass sie Gott dafür dankten, dass ihr Leben verschont worden war. Newton jedoch fand an Bord ein Neues Testament und begann zu lesen. Er las Kapitel um Kapitel, bis er überzeugt war und glaubte, dass Jesus für ihn am Kreuz gestorben war. Er schrieb später: »Es ging genau um meine Nöte. Ich brauchte jemanden, der zwischen mir und dem heiligen Gott steht, um die Strafe für meine Sünden und Lästerungen zu bekommen. Ich brauchte einen allmächtigen Retter, der hier einspringen und meine Sünden wegnehmen würde. ... Ich erkannte, dass Jesus Christus meine Strafe auf sich genommen hat, damit ich begnadigt werden konnte.«

Siebenundzwanzig Tage später erreichte die Mannschaft schwach und halb verhungert das Festland und war gerettet. Newton sah darin die liebende Hand Gottes. Jahre später schrieb er ein Lied, das Christen auf der ganzen Welt lieben:

Amazing Grace! how sweet the sound,
That saved a wretch like me!
I once was lost, but now am found
Was blind, but now I see.

Staunenswerte Gnade, welch süßer Klang,
die einen Schuft wie mich gerettet hat.
Ich war einst verloren, doch nun wiedergefunden,
war blind, doch jetzt sehe ich.

(wörtliche Übersetzung)

John Newton hat nie wieder Gottes Gnade angezweifelt – Gottes Wohlwollen uns gegenüber, das niemand verdient hat. Doch viele Menschen, die nie ein Erlebnis hatten wie er, können nicht verstehen, warum die Gnade wirklich so wunderbar ist. Oder vielleicht meinen sie, dass ein Sünder wie Newton wirklich besondere Gnade nötig hätte, sie selbst aber nicht. Sie sehen die Gnade als nett, hilfreich – sogar notwendig –, aber nicht als wunderbar oder staunenswert an.

Hier ist nun eine Aussage, auf die Sie zählen können: *Je besser man zu sein meint, desto weniger Gnade meint man, nötig zu haben.* Je selbstbewusster Sie sind, desto mehr werden Sie davon überzeugt sein, dass Sie durchkommen, selbst wenn Gott mit seiner Gnade sparsam umgehen sollte. Natürlich, sagen Sie, kämpfen auch Sie mit der Sünde, doch das ist für Sie ein ganz normaler menschlicher Zustand. Alles, was Sie brauchen, ist ein wenig Hilfe von Gott und ein wenig persönliche Entschlossenheit. Sie können sich selbst so »gut« machen, dass Gott Sie annehmen wird. Sie müssen sich nur einmal durchringen, Ihre Akte ein wenig aufzubessern. Wenn die Gnade Ihnen dabei helfen sollte – umso besser.

John Callaway, ein bekannter Talkmaster in den USA, wurde nach seinem Glauben befragt. Er sagte:»Ich kämpfe, und ich kann den Kampf nicht gewinnen. Ich lebe in dem klassischen Zustand der Sünde, wo ich denke, dass ich von Gott getrennt bin. Das Einzige, was mich retten kann, ist das Wissen darum. Ich schätze, dass ich etwas dagegen tun werde, wenn ich lang genug lebe.« Und er fügte hinzu:»Ich muss mich damit nur einmal ernsthaft beschäftigen!«

Eines Tages, wenn ich mich einmal ernsthaft damit beschäftige, dann werde ich etwas dagegen tun!

Selbst wenn Callaway hinzugefügt hätte: »mit Gottes Hilfe werde ich etwas dagegen tun, wenn ich mich einmal ernsthaft damit beschäftige«, hätte er doch die Gnade nicht verstanden. Für ihn ist Gnade offensichtlich etwas sehr Schönes, aber nichts Wunderbares. Wenn er sich nur einmal daranmachen und seinen Teil beitragen würde und wenn Gott in seiner Gnade seinen Anteil dazu täte, so könnten sie es gemeinsam schon schaffen.

Aber Gott sieht uns ganz anders. Das Neue Testament zeichnet ein verheerendes Porträt unseres Lebens, wenn es ohne die Gnade Gottes geführt wird. Sicher, harte Arbeit und Selbstdisziplin können uns verändern, aber sie werden uns nicht einen einzigen Schritt näher zu Gott bringen. Unser Zustand ist viel schlimmer, als wir je geträumt haben. *Erst wenn wir wissen, wie schlecht wir dran sind, werden wir es schätzen lernen, wie gut Gott zu uns ist.* Dann ist die Gnade wirklich wunderbar.

Das Leben ohne Gnade

Wir wollen nun untersuchen, wie schlimm es für uns ist, wenn es keine Gnade gibt. Im Neuen Testament vergleicht Paulus seine Leser mit Leichnamen auf einem Friedhof. *»Ihr wart tot in euren Vergehungen und Sünden, in denen ihr einst wandeltet gemäß dem Zeitlauf dieser Welt, gemäß dem Fürsten der Macht der Luft, des Geistes, der jetzt in den Söhnen des Ungehorsams wirkt«* (Eph 2,1-2).

Das bedeutet nicht, dass Menschen, die niemals Gottes besondere Gnade erfahren haben, immer einen abscheulichen Charakter haben oder Verbrecher sind. Ich bin Menschen begegnet, die großzügig und freundlich waren, die jedoch nicht Christen genannt werden wollten. Es kann sogar sein, dass Menschen überhaupt nicht an Gnade (so wie wir sie beschrieben haben) glauben. Trotzdem, weil sie genauso Sünder sind wie wir alle, lehrt die Bibel, dass sie »*tot in Vergehungen und Sünden*« sind. Es gibt zwischen ihnen und Gott eine Mauer, die nur die Gnade überwinden kann.

Deshalb sollten wir uns nun auf diesen Abschnitt einlassen und versuchen zu verstehen, was diese wenig schmeichelhafte Beschreibung bedeutet. Es ist kein ästhetisch ansprechendes Gleichnis, doch ich denke, Sie werden mit mir übereinstimmen, das da etwas Wahres dran ist.

Wir sind lebendige Leichname

Wir sind sicher schon einmal über einen Friedhof gegangen, wo die schmalen Wege von Grabsteinen gesäumt sind. Die Leiber, die dort unter der Erde liegen, sind nicht einfach schwach oder krank, sie sind völlig hilflos.

Wenn sie lebendig werden sollen, dann brauchen sie mehr als Hilfe – *sie brauchen ein Wunder.*

Stellen Sie sich einmal das Erstaunen vor, wenn ein Pastor bei der Beerdigung zu dem Leichnam sagen würde: »Wenn du dir wirklich Mühe geben würdest, dann könntest du dich hinsetzen, aus diesem Sarg steigen und laufen!« Ich glaube, es ist nicht übertrieben anzunehmen, dass irgendjemand die Behörden verständigen und bald Männer in weißen Kitteln den Pastor abholen würden.

Geistlich gesehen, sind wir für Gott tot, und wenn er an uns nicht das Wunder des Lebens tut, dann bleiben wir tot. Natürlich meint Paulus nicht, dass die Epheser leiblich tot waren, sondern geistlich. Menschen, die »*tot in Vergehungen und Sünden*« sind, können ein Konzert besuchen, ins Kino gehen oder ihren Hund ausführen. Einige mögen sogar dieses Buch lesen, ein Beweis dafür, dass wir vieles tun können, wenn wir in dieser Welt leben, aber für Gott tot sind.

Als unsere Tochter Lisa etwa vier Jahre alt war, sagte sie: »Mama, mein Teddy weiß, dass er nicht echt ist!« Natürlich haben wir herzlich gelacht. Denn natürlich kann nur ein echter Teddybär wissen, dass er nicht echt ist.

Ich möchte, dass wir uns verstehen: Teddybären können natürlich nicht wissen, dass sie echt (oder unecht) sind, und sie können sich auch nicht selbst echt machen. Dasselbe gilt für Menschen, die auf einem Friedhof begraben liegen. Ein Leichnam kann sich nicht selbst zum Leben erwecken. Nur Gott kann ihm den Lebensfunken zurückgeben. Um das Bild weiterzuführen, wenn wir erwarten, dass Menschen auf eigene Faust ihre Beziehung zu Gott in Ordnung bringen, dann erwarten wir das Unmögliche. Wir können uns nicht selbst zum Leben erwecken, auch wenn wir uns wirklich Mühe geben.

Wenn wir uns selbst überlassen sind, haben wir keine Verbindung zu Gott, und zwar so sicher, wie eine elektrische Glühbirne, deren Stecker aus der Dose gezogen wurde, ohne Strom ist. Wir können den Stromkreis nicht selbst schließen. Ohne Christus sind wir »lebendige Leichname«.

Paulus erklärt nun ausführlicher, was das bedeutet.

Wir werden von Satan getäuscht

Der Komiker Flip Wilson hat in den 70er Jahren den Ausspruch bekannt gemacht: »Der Teufel hat mich gezwungen, das zu tun.« Es kann schon sein, dass der Teufel etwas damit zu tun hatte, aber er war nicht die Ursache. Wir haben auf jeden Fall mitgemacht. Ja, natürlich, wir werden von Satan und seinen Dämonen verführt. Paulus sagt, dass wir »gemäß dem Fürsten der Macht der Luft« gelebt haben, »des Geistes, der jetzt in den Söhnen des Ungehorsams wirkt« (Eph 2,2). Wir werden von dem beeinflusst, der »Fürst dieser Welt« ist, und der ständig »in den Söhnen des Ungehorsams wirkt«.

Jesus lehrte, dass Satan uns Gedanken eingeben kann, von denen wir meinen, es wären unsere eigenen! Doch er kann es nicht tun, es sei denn, wir hätten uns schon entschieden, unserer eigenen Weisheit und unseren eigenen Bedürfnissen zu folgen. Ob der Einfluss direkt oder indirekt geschieht, ob er stark oder schwach ist – es gibt einen bösen Geist mit vielen Helfern, der die Erde durchstreift und versucht, Menschen davon abzuhalten, die Wahrheit zu verstehen. Dies verschlimmert unseren Todeszustand nur noch, dieses Vakuum in unseren Herzen.

Wir verschlimmern das Problem weiter, wenn wir es leugnen, wenn wir denken, wir hätten gute Eigenschaften, die wir nicht haben. Ob Sie nun mit allem übereinstimmen, was Luther geschrieben hat oder nicht, Sie müssen zugeben, dass er auf interessante Weise dargestellt hat, wie groß unsere Selbsttäuschung ohne Gottes Eingreifen ist. Luther schrieb, dass der natürliche Mensch »gebunden, elend, gefangen, krank und tot ist, doch lässt ihn sein Herr Satan noch die Blindheit zu allem anderen Elend hinzufügen, so dass er meint, frei, glücklich und ohne Ketten zu sein, mächtig, gesund und lebendig.«

Es ist schlimm genug, blind und tot zu sein. Aber stellen sie sich vor, blind und tot zu sein, und sich dabei noch einzubilden, sehend und lebendig zu sein!

Wir sind verworfen

Paulus sagt auch: »*Unter diesen hatten auch wir einst alle unseren Verkehr in den Begierden unseres Fleisches, indem wir den Willen des Fleisches und der Gedanken taten und von Natur Kinder des Zorns waren wie auch die anderen*« (Eph 2,3). Sünde gehört so zu uns wie zu einem Vogel die Federn. Wir sind nicht Sünder, weil wir sündigen, sondern weil wir Sünder sind, sündigen wir.

Sünde bedeutet nichts anderes, als mich selbst an die erste Stelle zu setzen, mich so gut ich kann zu betten. Sünde besteht nicht in erster Linie in Ehebruch, Diebstahl oder Verbrechen. Das erste Gebot lautet, dass wir unseren Herrn von ganzem Herzen, von ganzer Seele und mit aller unserer Kraft lieben sollen (vgl. Mt 22,37; 1Mo 6,5).

Daraus folgt, dass wir die größte Sünde schon begangen haben, wenn wir uns selbst mehr lieben als Gott.

Sünde bedeutet, dass *ich* entscheide, was ich gerne tun möchte, ohne dabei nach Gottes Willen und Plan für mein Leben zu fragen. Deshalb kann ich sündigen, auch wenn ich meine, dass ich mich doch ganz gut verhalte. Es kann sogar sein, dass ich gerade dadurch sündige, dass ich so denke.

Auch wenn ich meine, dass ich schon ganz gut allein zurecht komme, muss ich doch, wenn ich ehrlich bin, zugeben, dass ein Leben ohne Gott recht wenig Sinn hat. Wie tot ein *normales* Leben ist, kann man in den folgenden Zeilen lesen. Ein Freund von mir fand sie auf einem Bild, das in einem seiner Lieblingscafés hing:

Ich habe die Pille genommen.
Ich habe die kürzesten Minis getragen
und die längsten Schlabberröcke.
Ich war bei den Studentenunruhen dabei,
bin Ski in Garmisch gefahren,
habe mit zwei Männern zusammengelebt
und einen davon geheiratet.
Ich habe meinen Lebensunterhalt verdient
und dabei meine Identität gewahrt
und ehrlich gesagt ...
ICH BIN VERLOREN.

»Wenn *das* das Leben ist, warum fühle ich mich dann so leer?« Das fragen sich viele Leute, auch wenn sie noch so viele Freunde haben, wie man für Geld nur kaufen kann. Sogar fromme Menschen können sich geistlich »verloren« fühlen. Jeder, der am falschen Platz nach Sinn sucht, wird bekennen, wenn er ehrlich ist, dass er sein Leben fade findet und kein echtes Ziel hat.

Vielleicht sind Sie der Meinung, dass ich das Problem übertrieben habe. Doch denken Sie daran, dass ich nur versuche, Ihnen zu erklären, was Paulus im Neuen Testament schreibt. Es sollte jetzt eigentlich klar geworden sein, dass wir nicht in der Lage sind, unsere Beziehung zu Gott selbst in die Hand zu nehmen. Wir brauchen eine Unmenge an Gnade. Wir brauchen ein großes Wunder, einen Hauch geistlichen Lebens von Gott. Gott muss uns retten. Nichts weniger als eine Auferstehung reicht aus.

Die Gnade muss wirklich wunderbar sein, oder wir sind verloren.

Die Eigenschaften der wunderbaren Gnade

Wenn die Gnade Gottes uns retten soll, dann muss sie mächtig und barmherzig genug sein, um uns da abzuholen, wo wir sind, und um uns in die Gegenwart Gottes zu bringen. Paulus schrieb:»*Gott aber, der reich ist an Barmherzigkeit, hat um seiner vielen Liebe willen, womit er uns geliebt hat, auch uns, die wir in den Vergehungen tot waren, mit dem Christus lebendig gemacht – durch Gnade seid ihr errettet! Er hat uns mitauferweckt und mitsitzen lassen in der Himmelswelt in Christus Jesus*« (Eph 2,4-6).

Gott ist auf den Friedhof herabgekommen!

Die Gnade wird uns ohne Werke geschenkt

Gott hat die Menschheit untersucht und befunden, dass er nicht von uns erwarten kann, dass wir an der Versöhnung mit ihm selbst mitarbeiten könnten. Wir sind so tief gefallen, dass unser gesamtes Wesen davon durchdrungen ist: Unsere Gedanken sind von Sünde verunreinigt, unsere Seele beschmutzt und unser Wille gelähmt. Ob wir gut sind oder nicht – wir sitzen in der Tinte.

Der Apostel Paulus würde zu John Callaway sagen:»Du bist nicht nur unfähig, etwas in dieser Sache zu tun, sondern wenn du versuchst, etwas zu tun, dann machst du die Angelegenheit nur noch komplizierter! *Tue nichts, ehe du nicht verstanden hast, was Gott getan hat!«*

Wir sind nun schließlich so weit, denke ich, dass wir das Wort *Gnade* definieren können. *Gnade bedeutet Gottes unverdientes Wohlwollen.* Sie ist ein Geschenk, das menschlichen Verdienst außer Acht lässt. Sie gibt uns nicht nur die Hand, sondern eine Auferstehung. Die Gnade ist völlig einseitig.

Gnade bedeutet, dass Gott den ersten Schritt auf uns zu macht. Ja, auch wir machen einen Schritt, weil wir im Gegensatz zum Teddybären unserer Tochter einen Verstand, Gefühle und einen Willen haben. Aber unser kleiner Schritt ist einfach nur eine Reaktion auf das, was Gott schon längst getan hat. Die Gnade bedeutet, dass Gott ein Wort spricht, uns geistliches Leben schenkt und uns befähigt, vor ihm bestehen zu können. Er kommt die Leiter hinuntergestiegen, die wir versucht haben heraufzugelangen, holt uns hoch zu sich, damit wir in seiner Gegenwart leben.

Wenn Gottes Rettungsprogramm unsere Bemühungen mit einbezogen hätte, wäre die Gnade verringert worden, und die Erlösung wäre nicht völlig Gottes Werk. *»Wenn aber durch Gnade, so nicht mehr aus Werken; sonst ist die Gnade nicht mehr Gnade«* (Röm 11,6). Einiges kann zusammenwirken, aber nicht menschliche Werke und die göttliche Gnade, die uns Erlösung bringt.

Um die Bahn für sein Wirken frei zu machen, hat Gott jede menschliche Anstrengung ausgeschlossen – sowohl in der Vergangenheit als auch in der Gegenwart und der Zukunft. Sein Handeln musste rein sein, ohne von unseren besten Bemühungen verunreinigt zu werden. Er musste alles selbst machen. Unsere eigenen Bemühungen wurden ins Regal gestellt und mit der Aufschrift *»unbrauchbar«* versehen.

Wenn Gott etwas wirklich Gutes an uns gefunden hätte, das er hätte benutzen können, dann wäre er verpflichtet gewesen, dies anzuerkennen und uns dafür zu belohnen. Wenn Gott uns die Erlösung schulden würde, dann wäre das gesamte Gnadensystem zusammengebrochen. Doch aus Gottes Analyse ging hervor, dass alles, was wir tun, verdorben ist. Auch an unseren besten Tagen sind unsere Motive nie eindeutig. Und es geht nicht nur um unsere Handlungen, sondern auch um unser Wesen: Wir sind Sünder, und es besteht eine unendliche Kluft zwischen uns und Gott.

Gnade bedeutet, dass wir nichts verdienen und dass wir nichts tun können. *Gott kommt zu uns und tut, was wir nicht tun können.*

Die Gnade wird vom Ausmaß unserer Sünde nicht beeinflusst
Was ist nun aber mit denen, die ihr Leben gründlich verdorben haben? Ich spreche von denen, die sich wirklich in der Sünde verfangen haben, die ohne Hoffnung sind, sich je wieder aus den Folgen ihrer Taten befreien zu können. Denken Sie nur an den Menschen, der Ihrer Meinung nach Schlimmeres getan hat als jeder andere. Kann die Gnade ihn retten?

Nehmen wir einmal an, Sie hätten zwei Leichname. Ist der eine toter als der andere? Braucht der eine ein größeres Wunder, um wieder lebendig zu werden? Die Tatsache ist, dass die guten Leute, die nebenan wohnen, und die Kriminellen, von denen Sie in der Zeitung lesen, letztlich in der gleichen Situation sind – beide brauchen das Leben, das nur Gott geben kann.

Manche erinnern sich gewiss noch an das Aufsehen, das die Hinrichtung von John Wayne Gacy im Jahr 1994 in Chicago erregt hat, der des Mordes an dreiunddreißig Jungen überführt wurde, deren Leichen er im Kriechkeller unter seinem Haus versteckt hatte. Die Medien wollten aus ihm eine Art Monster machen, das kaum ein Glied der menschlichen Gesellschaft sein konnte. Aber ich war erstaunt, wie normal er aussah. Er sah sogar jemandem recht ähnlich, den ich persönlich kenne.

Gacy hatte keine Hörner. Er sah nicht aus, als würden aus seinem Leib Dämonen ausfahren. In den Nachrichten wurde jedoch nicht erwähnt, dass er ein normaler Mensch war, mit dem wir alle, als Glieder der menschlichen Rasse, eine ganze Menge gemeinsam haben. Er war einfach ein Mensch, der sich entschieden hatte, seinen perversen sexuellen Bedürfnissen zu folgen, ganz gleich wo sie ihn hinführen würden.

Gacy ist ein Beispiel für einen weisen Spruch, den ich einmal irgendwo gelesen habe: »Die Sünde führt dich immer weiter, als du gehen wolltest, hält dich länger fest, als du bleiben wolltest, und kostet dich mehr, als du zahlen wolltest.« Als Gacy seinen sündhaften Lebensstil begann, hatte er keine Ahnung, wohin es ihn führen würde.

Alexander Solschenizyn, der das menschliche Herz besser kannte, als die meisten von uns, erkannte, dass die Schrecken des Gulags nicht auf eine Rasse, ein Land oder eine Ideologie beschränkt waren. Er schrieb: »Wenn es doch nur darum ginge, die Bösen, die ständig schreckliche Untaten begehen, zu finden, sie vom Rest der Bevölkerung zu trennen und sie zu vernichten. Doch die Linie, die Gut von Böse trennt, geht mitten durch das Herz jedes Menschen.« Ohne die Gnade sind wir alle auf derselben Straße. Einige Menschen schlittern in den Graben, bleiben dort eine Weile und finden wieder heraus. Andere schlittern hinein, ziehen andere mit sich und richten sich dort ein.

Wir sollten es uns einmal so klar machen. Der *Sears Tower* in Chicago ist viel höher als die *LaSalle National Bank*. Wenn wir beide betrachten, dann ist die Höhe dieser Gebäude sehr unterschiedlich. Doch nehmen wir an, dass wir die Fragestellung verändern und wissen wollen, welcher von ihnen näher am Orion liegt, der ein paar hundert Lichtjahre von der Erde entfernt ist. Sicherlich, die Spitze des *Sears Tower* ist dieser Sternkonstellation ein wenig näher, aber was macht das schon aus? *Angesichts der Billionen von Kilometern gibt es praktisch keinen Höhenunterschied zwischen den beiden.* Bitte missverstehen Sie nicht, was ich sagen will. Natürlich ist es besser, ein anständiger Bürger zu sein als John Wayne Gacy. Natürlich ist es besser, ehrlich zu sein, als bei der Arbeit Gelder zu veruntreuen. Von unserem Standpunkt aus sind diese Unterschiede wichtig, und sie sind auch für Gott wichtig. *Aber geistlich gesprochen ist selbst der Beste unter uns immer noch unendlich weit von Gott entfernt.* Wenn wir das vergessen, dann aus dem Grund, dass wir überschätzen, wie gut wir sind und dabei Gottes Heiligkeit unterschätzen.

Die gute Nachricht lautet, dass Gott schlimme Sünder genauso erretten kann wie die weniger schlimmen. Gott hat erklärt, dass wir alle Sünder sind, und jeder Mund in seiner Gegenwart verstummen muss: *»Denn es ist kein Unterschied, denn alle haben gesündigt und erlangen nicht die Herrlichkeit Gottes«* (Röm 3,22-23). Einige sind von Gottes Herrlichkeit weniger weit als andere entfernt. Aber weil das Kriterium die Herrlichkeit Gottes ist, können wir alle es nicht erfüllen. Deshalb lesen wir, dass es von Gottes Standpunkt aus gesehen »keinen Unterschied« gibt.

An anderer Stelle schrieb Paulus: *»Denn Gott hat alle zusammen in den Ungehorsam eingeschlossen, damit er alle begnadige«* (Röm 11,32). Wir sind in unserem Unglauben gleich, in unserer Sünde, und gleichen uns deshalb auch darin, dass wir die Gnade dringend nötig haben.

Es gibt keinen Hinweis darauf, dass John Wayne Gacy die Gnade Gottes, wie er sie in Christus gewährt, angenommen hat, doch wenn er es hätte, wäre auch er als Mensch gestorben, dem die Sünden vergeben sind. Das ist eine Hoffnungsbotschaft: *Es geht nicht darum, wie groß die Sünde ist, sondern ob der Sünder gewillt ist, sich retten zu lassen.* Und sogar diese Bereitschaft, das anzunehmen, was Jesus für uns getan hat, wird uns durch Gottes Gnade gegeben: *»Niemand* *kann zu mir kommen, wenn nicht der Vater, der mich gesandt hat, ihn zieht; und ich werde ihn auferwecken am letzten Tag«* (Joh 6,44). Das hat Jesus Christus gesagt, nicht ich!

Die Gnade ist ein kostenloses Geschenk

Wenn Sie unseren Argumenten so weit gefolgt sind, dann wissen Sie, dass die Gnade ein Geschenk sein muss. Weil sie von Werken unabhängig ist, dafür aber ganz von Gott abhängt, muss sie uns ohne Kleingedrucktes geschenkt werden. Wir folgen nun der Argumentation des Paulus noch einen Schritt weiter: *»Denn aus Gnade seid ihr errettet durch Glauben, und das nicht aus euch, Gottes Gabe ist es; nicht aus Werken, damit niemand sich rühme«* (Eph 2,8-9).

Als ich ein Kind war, ließen meine Eltern uns Radio hören. Es gab da einen Mann, der mich besonders faszinierte, weil er eine recht rauhe Stimme hatte und eine geradlinige Art, die Bibel auszulegen. Aber ich erinnere mich noch, dass er einmal etwas gesagt hat, was absolut keinen Sinn ergab. Am Ende seiner Sendung sagte er: »Wenn Sie mir 5 Dollar schicken, dann schicke ich Ihnen absolut kostenlos dieses neue Buch.«

Ich war zwar erst zehn, aber ich habe den Widerspruch sofort bemerkt. Wenn er wirklich meinte, dass das Buch kostenlos ist, dann hätte er nicht nur das Buch an jeden geschickt, der es haben wollte, sondern er hätte sogar noch das Porto bezahlt, das man brauchte, um das Buch zu bestellen. *So nämlich handelt Gott!*

Paulus hat das auf folgende Weise ausgedrückt: *»Denn der Lohn der Sünde ist der Tod, die Gnadengabe Gottes aber ewiges Leben in Christus Jesus, unserem Herrn«* (Röm 6,23). Ja, es muss ein Geschenk sein – ein unverdientes und unbezahltes Geschenk –, denn es ist viel zu kostbar, als dass wir es je bezahlen könnten.

Irgendwo habe ich einmal eine Geschichte von einem Missionar gelesen, der sich mit einem indischen Perlentaucher befreundete.

Sie hatten viele Stunden über die Erlösung diskutiert, aber der Hindu konnte nicht begreifen, dass es sich um ein kostenloses Geschenk handelte. Er glaubte, dass er nur dann erlöst werden könnte, wenn er die fünfzehnhundert Kilometer nach Dehli auf seinen Knien rutschen würde. Aber der Missionar sagte, dass die Erlösung so kostbar war, dass der Herr Jesus sie für uns bezahlen musste.

Ehe er sich auf seine Pilgerreise begab, schenkte der Inder dem Missionar die größte und vollkommenste Perle, die er je gesehen hatte. Der Perlentaucher erklärte, dass sein eigener Sohn sein Leben verloren hatte, um diese Perle vom Meeresgrund heraufzuholen. Der Missionar dankte ihm dafür, doch dann bestand er darauf, dafür zu bezahlen. Der Hindu war beleidigt und sagte, dass es keinen Gegenwert gab, um eine Perle zu bezahlen, die ihn seinen Sohn gekostet habe.

An diesem Punkt dämmerte dem Mann die Wahrheit: Deshalb bestehen die Christen darauf, dass niemand für die Erlösung bezahlen kann. Sie hat Gott den Tod seines einzigen Sohnes gekostet. Zu meinen, wir könnten dafür bezahlen, wäre wirklich eine Beleidigung. *Die Gnade ist kostenlos für uns, aber Gott hat sie sehr viel gekostet.*

Gott ist so reich, argumentieren wir, dass er nichts zu kaufen braucht. Aber es gibt etwas, das er gekauft hat, und zwar sein Volk. Wir sind nicht mit Vergänglichem wie Gold und Silber erkauft, »*sondern mit dem kostbaren Blut Christi als eines Lammes ohne Fehler und ohne Flecken*« (1Petr 1,19). Zu meinen, wir könnten ihm dies bezahlen, wäre eine Beleidigung. Und es ist noch beleidigender, wenn wir versuchen, ihm den Preis mit Werken zurückzuzahlen, die er nach seiner Aussage verachtenswert findet!

Wir werden für immer in Gottes Schuld stehen, doch er erwartet von uns keinerlei Rückzahlung. Wenn wir denken, dass wir ihm etwas zurückzahlen könnten, dann haben wir nicht nur den Wert des Geschenkes nicht erkannt, sondern wir beflecken auch das Wort *Gnade*.

Gottes Wohlwollen uns gegenüber ist unverdient. Es ist ein vollkommenes Geschenk von ihm an uns. Gott erwartet nicht, dass wir ihm etwas zurückzahlen. Er weiß, dass wir es nicht können. Und wir wissen das auch.

Die Gnade ist schwierig anzunehmen

Nun meinen Sie, dass jeder sich darum reißen würde, die Gnade Gottes anzunehmen. Das ist nicht der Fall. Es gibt Gründe, dass der Weg zum Leben schmal ist und dass es nur *»wenige sind, die ihn finden«* (Mt 7,14).

Von unserem Gefühl her denken wir, dass wir Anteil an unserer Erlösung haben sollten, dass wir irgendein Werk tun müssten, eine gute Tat, die uns des Geschenkes würdig macht. Einige tun das, indem sie sich einbilden, sie müssten Leid über ihre Sünde tragen. Natürlich soll mir die Sünde leid tun, und dies ist ein normales Gefühl, aber es ist nicht die Bedingung dafür, dass Gott mir sein liebendes Wohlwollen schenken kann. Wenn wir um unserer Sünde willen Leid tragen, so macht uns das nicht der Gnade Gottes würdig. Es lässt uns umso mehr auf die Gnade Gottes hoffen, aber es macht uns nicht annehmbarer.

Jemand sagte einmal zu mir: »Wenn ich älter bin, werde ich zu Gott kommen, denn dann werde ich wohl nicht so leicht scheitern.« Wann immer Sie jemandem begegnen, der so redet, wissen Sie, dass dieser Mensch die Gnade noch nicht richtig verstanden hat. Er denkt noch immer, er könne nicht so zu Gott kommen, wie er ist.

Vor vielen Jahren war ein Ehepaar bei mir in der Seelsorge, das in meine Gemeinde gekommen war, weil die Ehe langsam zerbröckelte. Ich hatte den Eindruck, dass die Frau den Mann zu dem Treffen geschleppt hatte. Ich merkte, dass er genauso gerne hier sein wollte, wie ein falscher Geldschein unter einem Vergrößerungsglas.

Sie hatten zu einem Partner-Tausch-Club gehört, und die Frau hatte erst kürzlich die Gnade Gottes verstanden. Sie hatte das Wunder des Lebens in Christus empfangen, und dieses Wunder hatte sie verwandelt. Sie wollte nun, dass ihr Mann ebenfalls Buße tut und dasselbe Wunder an sich erlebt.

Als ich mit ihm sprach, sagte er:»Ich würde lügen, wenn ich behauptete, nicht weiter in den Club zu gehen – ich bin davon abhängig.« Natürlich gab er zu, dass das sowohl sündig als auch zerstörerisch war, doch er meinte, die Versuchung sei zu groß. Er könne sich nicht ändern. Er meinte, in seinem Lebensstil gefangen zu sein.

Ich fragte ihn, ob er bereit wäre, seine Hilflosigkeit und Sündhaftigkeit zuzugeben und zu bekennen, dass er sich nicht selbst ändern könne. Ich bat ihn auch anzuerkennen, dass nur Christus ihm die Sünde vergeben und ihm das Wunder ewigen Lebens schenken kann. Ich erklärte ihm, dass er nicht einfach nur Gottes Hilfe braucht, sondern vielmehr Gottes Vergebung. Er brauchte von Anfang bis zum Ende Gottes Kraft.

Zum ersten Mal in seinem Leben demütigte er sich und empfing die Gnade Gottes. Er nahm Christus an als den, der für ihn an seiner Stelle und für seine Sünden als Lamm gestorben war. Viele Tage fragte ich mich, was aus ihm geworden war, und hoffte, dass sich die Kraft des Evangeliums in seinem Leben erweisen würde. Zu meiner Erleichterung bat er einige Wochen später um ein weiteres Treffen, bei dem er mir sagte, dass er den Club verlassen habe und sich auf einer Bibelschule beworben hätte, um sich für den christlichen Dienst ausbilden zu lassen.

Er hatte zweierlei gelernt: Erstens – *die Gnade ist für hilflose Sünder kostenlos, die genau wissen, wie schlimm sie dran sind.* Und zweitens – *wer einmal diese Gnade empfangen hat, kann niemals so bleiben, wie er gewesen ist.*

Wir kommen zu Gott, wie wir sind, doch er lässt uns nicht so, wie er uns vorgefunden hat. Sie können als Homosexueller kommen, als

Alkoholiker, als Ehebrecher, aber Sie kommen zu dem Einzigen, der Ihnen das Geschenk der Gnade machen kann.

Es gibt zwei verschiedene Arten von Menschen, die vor der Gnade Gottes zurückscheuen. Wir selbst haben vielleicht bemerkt, dass wir uns zwischen beiden Enden des Spektrums hin- und hergerissen fühlen. Zunächst sind da diejenigen, die es schwierig finden, die Gnade anzunehmen, weil sie sich von Schuld überwältigt fühlen. *Wenn Sie nur wüssten ... wenn Sie wüssten, was ich alles getan habe ... wenn Sie mein geheimes Leben kennen würden, dann wüssten Sie, dass ich ein zu großer Sünder bin, um Gottes Gnade anzunehmen.* Sie sind davon überzeugt, dass Gott so zornig auf sie ist, dass es keine Hoffnung für sie mehr gibt. Sie vergleichen sich mit anderen, und ihr Urteil über sich selbst fällt immer härter aus.

Als Zweites sind da die religiösen Typen, die manchmal naiven Selbstgerechten, die meinen, sie hätten niemals etwas Schlechtes getan, die sich deshalb schwer tun, die Gnade Gottes anzunehmen. Ich erinnere mich an jemanden, der sagte, dass das Schlimmste, was er je getan habe, gewesen sei, dass er einen Golfball durch eine Fensterscheibe hindurchgeschossen habe. Du liebe Zeit!

Diese Leute bezahlen ihre Rechnungen pünktlich, arbeiten freiwillig im Krankenhaus, erziehen ihre Kinder gut. Für sie ist es schwer, die Gnade Gottes anzunehmen, weil sie der Meinung sind, Gnade nicht nötig zu haben. Sie kennen mindestens ein Dutzend Leute, die viel schlimmer sind als sie selbst. Sie schauen tief in ihr Herz und erkennen, dass sie niemals zu den Verbrechen John Wayne Gacys fähig wären. Sie meinen, besser zu sein als eine Menge anderer Leute. So wie mir ein Mann einmal sagte: »Ich habe das gleiche Anrecht auf einen Platz im Himmel wie jeder andere auch!«

Diese Menschen sind beleidigt, wenn man ihnen sagt, dass sie selbst so weit von Gott entfernt sind wie John Wayne Gacy. Sie knirschen mit den Zähnen, wenn man ihnen sagt, dass die Entfernung zwischen ihnen und Gott unendlich ist. Sie vergleichen sich mit anderen, die viel schlechter sind als sie selbst, und folglich wird ihre Selbstsicherheit immer größer.

Das erklärt, warum Jesus sagte, dass die Huren noch vor den Frommen in den Himmel kommen. Die Verzweifelten sehen viel eher ein, dass sie die Gnade Gottes nötig haben, als diejenigen, die so selbstsicher sind. *Es ist viel wahrscheinlicher, dass diejenigen, die wissen, dass sie ein Wunder brauchen, die Gnade annehmen als diejenigen, die meinen, dass sie gerade nur ein bisschen Hilfe von Gott brauchen.*

Die Gnade darf einfach angenommen werden

Manchmal reden Prediger, die es eigentlich besser wissen sollten, als ob es um irgendein Geschäft ginge, wenn sie darüber sprechen, die Gnade Gottes anzunehmen. Ich habe einen lieben Freund, der während seines Dienstes die Leute aufforderte, »Christus die Treue zu schwören.« Ein Evangelist lud die Leute zu einem Leben mit Christus ein, und als sie nach vorne kamen, sagte er ihnen, dass sie damit auch das Versprechen geben würden, »Christus nachzufolgen«. Ich kann nur verzweifelt den Kopf über so etwas schütteln!

Jemand, der sich vielleicht für Christus entscheiden will, wird denken: *»Wenn ich Jesus die Treue schwören oder versprechen soll, ihm nachzufolgen, was passiert dann, wenn ich diese Entscheidung heute treffe und morgen das Versprechen schon wieder breche?«* Sicherlich, wenn jemand die Gnade Gottes annimmt, dann wird sich auch sein Lebensstil verändern. Aber wir können von den Toten nicht erwarten, dass sie herumlaufen, ehe sie nicht auferweckt sind, und von den Blinden können wir nicht erwarten, dass sie etwas sehen, ehe sie nicht geheilt sind. Sünder, die nie mit Gott versöhnt worden sind, haben gar nicht die Kraft, ihr Leben zu verändern, selbst wenn sie es »ganz furchtbar ernst« meinen.

Wenn jemand sagt: »Ich möchte etwas tun, damit meine gestörte Beziehung zu Gott in Ordnung kommt«, zu dem sagt die Gnade: »Wenn du wirklich verstehen würdest, worum es geht, dann könntest du nicht so etwas sagen. Gott *hat* schon etwas getan, um deine gestörte Beziehung mit ihm in Ordnung zu bringen, und das einzige, was du tun kannst, ist, dich zu demütigen und es anzunehmen!«

Lassen Sie mich das klarstellen. Wenn Sie zu Christus kommen, dann kommen Sie nicht, um zu *geben*, sondern um zu *empfangen*. Sie kommen nicht, damit Sie *Ihr Bestes* versuchen, sondern um zu *vertrauen*. Sie kommen nicht, damit Ihnen nur *geholfen* wird, sondern damit Sie *gerettet* werden. Sie kommen nicht, damit Sie *besser gemacht* werden (obwohl das auch geschehen wird), sondern um *lebendig gemacht* zu werden!

Augustus Toplady hat das richtig ausgedrückt:

> Ich kann nichts in Händen zu dir bringen,
> ich klammere mich nur an dein Kreuz.
> Nackt bitte ich dich um ein Kleid.
> Hilflos schaue ich auf dich, um Gnade zu erbitten.
> Ich bin verdorben und eile zur Quelle:
> Wasche mich, Heiland, oder ich sterbe.

Sie kommen nicht zu Christus, um ein Versprechen abzugeben, sondern Sie kommen zu ihm, um von seinem Versprechen abhängig zu sein. Die Treue Gottes schenkt Ihnen die Gnade, nicht Ihre eigene Treue.

Zweierlei Männer, zweierlei Glaube, zweierlei Schicksal

Jesus hat die Geschichte von zwei Männern erzählt, die beide an die Gnade glaubten. Doch es ist interessant, dass nur einer das Wunder erlebte, von Gott angenommen zu werden. Der andere, obwohl er ein recht ordentlicher Mann war, wurde abgelehnt.

Als der fromme Pharisäer in den Tempel kam, betete er mit diesen Worten: *»O Gott, ich danke dir, dass ich nicht bin wie die übrigen der Menschen: Räuber, Ungerechte, Ehebrecher oder auch wie dieser Zöllner. Ich faste zweimal in der Woche, ich verzehnte alles, was ich erwerbe«* (Lk 18,11-12).

Wenn wir meinen, dass er ein Aufschneider war, dann sollten wir uns daran erinnern, dass er an die Gnade glaubte. Er *dankte Gott*, dass er nicht so war wie andere Menschen. Er wusste, dass er seine guten Werke nur durch Gottes Güte tun konnte, und gab das auch gerne zu. Ich kann mir vorstellen, wie er sagte: *»Nur durch die Gnade Gottes bin ich hier.«* Wenn er besser war als andere, dann stand Gott die Anerkennung dafür zu.

Im Gegensatz dazu wurde der Zöllner, der dabei stand, vom Bewusstsein seiner Schuld so überwältigt, dass er noch nicht einmal sein Gesicht zum Himmel erheben wollte, sondern nur in tiefer Buße an seine Brust schlug und sagte: *»O Gott, sei mir, dem Sünder, gnädig«* (V. 13).

Christus fügte hinzu: *»Ich sage euch: Dieser ging gerechtfertigt hinab in sein Haus im Gegensatz zu jenem; denn jeder, der sich selbst erhöht, wird erniedrigt werden; wer aber sich selbst erniedrigt, wird erhöht werden«* (V. 14).

Ja, beide glaubten an die Gnade Gottes. Der selbstgerechte Pharisäer dachte, dass er Gottes Gnade nur nötig habe, um Gutes zu tun. Gottes Gnade, so meinte er, helfe uns, alles besser zu machen.

Der Zöllner sah Gottes Gnade ganz anders. Er wusste, dass ein Wunder geschehen musste, das nur Gott tun konnte, wenn er gerettet werden wollte. Er brauchte nicht nur etwas Hilfe, er brauchte das Geschenk der Vergebung, der Versöhnung. Nur Gott konnte tun, was hier nötig war.

Der Pharisäer sagte:»Gott, wenn du mir hilfst, dann bessere ich mich und kann mich selbst erlösen!«

Der Zöllner sagte:»Gott, entweder du rettest mich, oder ich muss mich selbst verurteilen!«

War es für diesen Zöllner und Sünder schwer, die Gnade anzunehmen? Kommt darauf an. Einerseits nein, denn er war sehr erleichtert festzustellen, dass es für die Bedürftigen Gnade gibt. Doch andererseits war es sehr schwer für ihn, die Gnade Gottes anzunehmen. Das vernichtende Erlebnis, sich eingestehen zu müssen, dass man ohne Gottes Gnade absolut hilflos ist, ist niemals leicht. Und deshalb ist der Weg zum Leben schmal und nur wenige finden ihn.

Nehmen Sie einmal an, Sie ständen an der Tür zum Tempel und Sie sagten dem Pharisäer im Vorbeigehen, er sei verloren. Er wäre sicher beleidigt gewesen. Er hätte sicher zugegeben, dass er ein Sünder war, aber er hätte Sie mit einem Schulterzucken darauf hingewiesen, dass er ja schließlich etwas dagegen tue und noch mehr tun könne, wenn er sich noch mehr anstrengen würde! Gnade war für ihn hilfreich und sogar notwendig, aber nicht wunderbar.

Und das wird eines Tages der Unterschied zwischen denen sein, die gerettet sind, und denen, die verloren sind. Diejenigen, die meinen, sie könnten etwas zu ihrer Errettung hinzutun, denken, dass die Gnade Gottes etwas Schönes ist; doch nur die Demütigen, die sich selbst so sehen, wie Gott sie sieht, glauben, dass Gnade wirklich wunderbar ist. *Der Unterschied besteht darin, dass die einen wissen, dass Gott alles tun muss, und die anderen denken, sie könnten Gott aushelfen.*

Die vierte Strophe des wohlbekannten und vielgeliebten Liedes *Amazing Grace* beschreibt, wie wunderbar die Gnade ist. Weder unser Leben auf Erden noch unser Aufenthalt im Himmel werden dieses Wunder jemals schmälern:

When we've been there ten thousand years,
Bright shining as the sun,
We've no less days to sing God's praise
Then when we first began

Wenn wir zehntausend Jahre dort verbracht haben,
wo wir so herrlich scheinen werden wie die Sonne,
dann haben wir nicht weniger Tage übrig,
um Gottes Lob zu singen,
als an dem Tag, an dem wir angefangen haben.

Ja, die Gnade ist völlig einseitig. Wir bringen nichts als unsere Sünden. Gott bringt alles, was wir brauchen, damit er uns in seine Gegenwart erheben kann.
Das ist wirklich wunderbar!

Kapitel 3
Das Geschenk,
ohne das nichts geht

Ich bin mir sicher, dass auch Ihnen schon Menschen begegnet sind, die jedem auf die Nerven gehen und denen das auch noch gefällt! Ein Freund von mir besuchte einmal eine jährliche christliche Buchmesse. Er hatte ein Tonband dabei und ging herum, um den Ausstellern eine Frage zu stellen. Hier waren Leute, die Bücher über christliche Lebensführung und die neuesten Entwicklungen in der Theologie geschrieben hatten, und jeder Einzelne hätte die Antwort auf die Frage meines Freundes wissen müssen, aber die meisten wussten sie nicht.

Die Frage, die er stellte, lautete: »Sind Sie der Meinung, dass wir vollkommen sein müssten, um in den Himmel zu kommen?« Einige kannten die Antwort, doch die meisten stotterten an ihrer Antwort herum und sagten mit einem Schulterzucken so etwas wie: »Nein, wir müssen nicht vollkommen sein.« – »Gott sei Dank, dass er das nicht von uns verlangt« oder »Wir würden es nie schaffen!«

Gott, so glaubten sie, ist nachgiebig, und wir haben Grund anzunehmen, dass er uns sündigen Menschen erlauben wird, in seine Gegenwart zu treten. In der Tat sei er so gnädig, dass er wegen Christus den hohen Maßstab außer Kraft gesetzt habe. »Christen«, antworteten sie, »sind nicht vollkommen, sondern ihnen ist vergeben!« Mit ein wenig Hilfe von Gott, einer Dosis Vergebung und einem Spritzer Gnade können wir es schaffen.

Wie hätten Sie diese Frage beantwortet? Vielleicht haben Sie nie darüber nachgedacht, deshalb will ich die Frage für Sie beantworten.

Das Christentum, und zwar gleich ob katholisch oder evangelisch, *hat immer gelehrt, dass wir so vollkommen wie Gott sein müssen, um in seiner Gegenwart erscheinen zu dürfen.* Nichts weniger reicht aus. Also lassen Sie es mich so deutlich wie möglich formulieren: Wenn Sie nicht so vollkommen wie Gott sind, dann sollten Sie noch nicht einmal davon träumen, jemals in den Himmel eingelassen zu werden! Sie können Ihre Träume vergessen.

Die Antwort, die jeder auf der Buchmesse hätte geben müssen, sollte etwa so lauten:»Natürlich muss ich so vollkommen sein, wie Gott, nur dann kann ich erwarten, vor ihm zu stehen, willkommen geheißen zu werden und in seine Gegenwart treten zu können!« Wenn wir darüber nachdenken, erkennen wir, dass es sich nicht nur um eine biblische Lehre handelt, sondern auch wirklich vernünftig ist. Wie könnte ein unendlich reiner und heiliger Gott, der die Sünde von Herzen hasst, Gemeinschaft mit Menschen haben, die noch immer Sünder sind?

Gottes Gnade bedeutet nicht, dass der Maßstab außer Kraft gesetzt worden wäre. Es bedeutet nicht, dass Gott unsere Sünden übersehen könnte. Ja, Gottes Gnade bedeutet, dass uns vergeben werden kann, aber es bedeutet noch viel mehr. Doch ich greife schon vor.

Nun, wenn wir so vollkommen wie Gott sein müssen, um in den Himmel zu kommen (und das ist der Fall), dann haben wir ganz offensichtlich ein Problem. Im letzten Kapitel habe ich so gut ich konnte beschrieben, wie schlecht wir wirklich dastehen, wenn wir auf uns selbst angewiesen sind. Einige von uns haben schlimme Sachen getan, aber ich bin noch nie jemandem begegnet, der glaubt, dass er so vollkommen ist wie Gott.

Deshalb lautet die Frage: Wie kann ich so vollkommen werden wie der allmächtige Gott? Das ist ein hoher Anspruch, und auch das Thema unseres Kapitels.

Der Kampf eines Mannes um Vollkommenheit

Ich habe einige katholische Freunde, die der Meinung sind, dass Luther ein Wendehals war, ein Geistesgestörter, der über die Kirche seiner Zeit aus kleinlichen, persönlichen Gründen verärgert war. Nun, ich will nicht alles, was Luther getan oder geschrieben hat, verteidigen.

Aber ob Sie katholisch oder evangelisch sind, Sie sollten Luthers inneren Kampf zu schätzen wissen. Ich bin selbst kein Lutheraner, doch Luthers Erfahrungen haben uns allen etwas zu sagen. Ehe wir ihn einfach beiseite schieben, sollten wir versuchen, den Vorhang wegzuziehen und seinen seelischen Kampf zu verstehen.

Luther wurde durch Anfechtungen gepeinigt und litt unter immer wiederkehrenden Verzweiflungszuständen. Er hatte ein äußerst ausgeprägtes Bewusstsein für seine Sünde. Er konnte machen, was er wollte, er fand keinen Frieden.

Er war eine Wahrheit gelehrt worden, die unserer Generation offensichtlich verloren gegangen ist, nämlich dass wir so vollkommen wie Gott sein müssen, um in den Himmel zu kommen. Doch der Weg zur Vollkommenheit war quälerisch und voller Hindernisse. Diejenigen, die ihren Glauben ernst nahmen, bedienten sich der Heilsmittel der Kirche, und Luther tat in dieser Hinsicht, was er nur konnte.

Die Kirche bot Menschen die Möglichkeit, sich auf die Reise zur Heiligung zu begeben. Die wenigen, die diese Vollkommenheit erlangten, wurden heilig gesprochen. Offensichtlich waren sie in der Lage, schon gleich nach dem Tod in den Himmel zu kommen. Diejenigen, die diesen hohen Zustand der Heiligkeit nicht erreichen konnten, kamen so lange ins Fegefeuer, bis sie von ihren Sünden gereinigt waren. Schließlich würden auch sie gut genug für die Vollkommenheit des Himmels werden, doch niemand konnte abschätzen, wann.

Luther wollte nun sicher sein, dass er dem Maßstab entsprach, welchen immer Gott auch setzen mochte. Er fastete so lange, dass Freunde sich um seine Gesundheit sorgten. Er trug oft Lumpen und schlief in seiner kalten Zelle ohne Decke, um die Begierden des Fleisches »abzutöten«. Doch ganz gleich, was er auch tat, niemals schien es auszureichen.

Zweitens bediente er sich der Sakramente der Kirche. Die Beichte war ihm ein großer Trost. Um sich selbst an seine Sünden erinnern zu können, sagte er sich die sieben Todsünden und die Zehn Gebote auf. Manchmal bekannte er sechs Stunden hintereinander seine Sünden und ging kurze Zeit später schon wieder zu Staupitz, seinem Beichtvater, weil ihm eine Sünde eingefallen war, die er übersehen hatte. Eines Tages war Staupitz so verzweifelt, dass er sagte: »Wenn du erwartest, dass Christus dir vergeben soll, dann komme mit etwas, für das du Vergebung brauchst – Muttermord, Lästerung, Ehebruch – anstatt mit solchen Kleinigkeiten!«

Manche sind der Ansicht, dass Luther psychisch labil war, weil er sich über Kleinigkeiten solche Sorgen machte. Aber er war wohl der einzige vernünftige Mann im Kloster. Er wusste, dass es unwichtig ist, wie groß oder klein die Sünde ist, sondern dass es darauf ankommt, dass sie vergeben ist. Sogar die kleinste Sünde kann uns für immer aus dem Himmel ausschließen. Er wusste, dass nur ein einziger Fehler uns aus der Gegenwart der unvorstellbaren Majestät Gottes ausschließen musste.

Bei seiner Suche nach Vollkommenheit befand sich Luther in einer Sackgasse. Er war gelehrt worden, dass er eine Sünde, wenn sie vergeben werden sollte, beichten musste. Sein Problem war, dass er erstens nie sicher sein konnte, dass er sich an alle seine Sünden erinnern würde; zweitens, dass er einiges getan haben könnte, von dem er nicht wusste, dass es eine Sünde ist; und drittens, dass auch dann, wenn er sich an alle seine Sünden erinnern könnte und sie beichtete, morgen schon der nächste Tag war, und alles wieder von vorne begann.

Um alles noch schlimmer zu machen, bemerkte er, dass sein ganzen Wesen verdorben war. Er war nicht ein Sünder, weil er sündigte, sondern – und das war viel verhängnisvoller – er sündigte, weil er von seinem innersten Wesen her ein Sünder war. Er hatte nicht nur sündige Taten zu bekennen, sondern auch Gedanken. Je länger er leben würde, desto mehr würde er Sünden anhäufen. Das bedeutete: noch mehr Buße, noch mehr Beichte, noch mehr Gebet.

Irgendwo habe ich einmal diesen Ratschlag gelesen: »Wenn du in einem Loch steckst, dann hör als Erstes auf zu graben!« Nun, Luther steckte in einem Loch, und er grub weiter – er versuchte, aus dem Sumpf der Sünde in seinem Herzen herauszukommen. Doch er konnte sich nicht befreien, selbst wenn er Gott um Hilfe anrief. In seiner Verzweiflung ging er über alles hinaus, was die Kirche ihm als Hilfsmittel anbot. Und doch war er nicht sicher, dass er Gott auch nur an einem einzigen Punkt zufriedengestellt hatte. Für Luther war das Versprechen des ewigen Lebens wie die Aussicht auf eine Million Euro, die man einem Blinden verspricht, wenn er nur seine Augen öffnet, um sehen zu können. Die Aussicht war wundervoll, aber die Bedingungen nicht zu erfüllen.

Im Jahr 1511 wurde Luther beauftragt, an der eben gegründeten Universität zu Wittenberg zu lehren, die durch den Kurfürsten Friedrich gegründet worden war. Luther machte diese Arbeit Freude, doch sein Gewissen konnte nicht zum Schweigen gebracht werden. Eines Tages schlug Staupitz während eines Besuches bei Luther vor, dass er Vorlesungen über die Bibel halten solle. Er hoffte, dass Luther dabei ein wenig Linderung für seine Seele finden würde.

Und so begann Luther im Jahr 1513 Vorlesungen über die Psalmen zu halten. Er kam zum zweiten Vers von Psalm 22: »*Mein Gott, mein Gott, warum hast du mich verlassen?*« Er wusste, dass Jesus diese Worte am Kreuz zitiert hatte. Auch Jesus hatte Anfechtungen erlitten, denn seine Seele war verzweifelt. Luther erkannte, dass das daher rührte, dass Jesus unsere Sünden auf sich genommen hatte.

Als er den Römerbrief studierte, kam er bald an diese Worte: »Denn ich schäme mich des Evangeliums nicht, ist es doch Gottes Kraft zum Heil jedem Glaubenden, sowohl dem Juden zuerst als auch dem Griechen. Denn Gottes Gerechtigkeit wird darin geoffenbart aus Glauben zu Glauben, wie geschrieben steht: Der Gerechte aber wird aus Glauben leben« (Röm 1,16-17). Luther kämpfte mit dem Ausdruck »Gottes Gerechtigkeit«. Er verstand darunter ganz richtig eine Eigenschaft, die über uns steht, durch die wir gerichtet und für unwürdig befunden werden. Es handelt sich um die Gerechtigkeit Gottes, die unsere klägliche eigene Gerechtigkeit bloßstellt und uns deshalb unvollkommen erscheinen lässt.

»Manchmal scheint mir Christus eher ein zorniger Richter zu sein, der mit dem Schwert in der Hand zu mir kommt«, bemerkte Luther. Die Offenbarung der Gerechtigkeit Gottes, so glaubte er, war eine schlechte, und keine gute Nachricht. Da wir bestraft werden, wenn wir Gottes Gerechtigkeit nicht erreichen, war es nicht gerade tröstlich für ihn, noch tiefer zu erkennen, wie heilig Gott eigentlich ist! Das überzeugt uns nur noch mehr von unserer Sündhaftigkeit. Wir können immer mehr tun, doch Gottes Anspruch ist jenseits aller unserer Möglichkeiten. Der Gedanke, es noch besser machen zu müssen, führte Luther immer tiefer in die Depression.

Er beschrieb seinen Kampf: »Ich befand mich in der Lage, dass ich zwar ein vorbildlicher Mönch war, aber als Sünder mit einem beschwerten Gewissen vor Gott stand, und ich konnte nicht darauf vertrauen, dass ich würdig genug war, um ihn zu besänftigen. Deshalb liebte ich den gerechten und zornigen Gott nicht, sondern hasste ihn und lehnte mich gegen ihn auf.« Starke Worte, aber dieser Mann war verzweifelt.

Glücklicherweise studierte er auch die nächsten Kapitel des Römerbriefes, und allmählich ging ihm ein Licht auf. Er erkannte, dass es auch eine Gerechtigkeit von Gott gibt, die den Sündern geschenkt wird. Für uns ist es eine fremde Gerechtigkeit, weil sie weder zu unserem Wesen gehört, noch in uns eingegossen wird. Sie ist immer eine Gerechtigkeit von außen. Es handelt sich dabei um die Gerechtigkeit, die Gott den Sündern anrechnet, die an Christus glauben.

Hören wir, was Paulus zu sagen hat: »*Jetzt aber ist ohne Gesetz Gottes Gerechtigkeit geoffenbart worden, bezeugt durch das Gesetz und die Propheten: Gottes Gerechtigkeit aber durch Glauben an Jesus Christus für alle, die glauben. Denn es ist kein Unterschied, denn alle haben gesündigt und erlangen nicht die Herrlichkeit Gottes*« (Röm 3,21-23). Es gibt eine *geschenkte* Gerechtigkeit, die wir ohne Gegenleistung von Gott bekommen.

Wir sind dankbar, dass Gott uns schenken kann, was wir selbst nie erreichen können. »*Denn wir urteilen, dass ein Mensch durch Glauben gerechtfertigt wird, ohne Gesetzeswerke*« (3,28). Es besteht ein eindeutiger Unterschied zwischen der Gerechtigkeit Gottes und der Gerechtigkeit des Menschen. Gottes Gerechtigkeit ist nicht einfach die Gerechtigkeit des Menschen auf eine andere Ebene gehoben. Wenn wir eine Milliarde Bananen zusammennehmen, wird niemals eine Orange daraus. Deshalb könnte alle menschliche Gerechtigkeit, die von Menschen seit Adam erreicht worden ist, zusammengenommen niemals Gottes Haltung gegenüber auch nur einem einzigen Sünder ändern. Es besteht eine unendliche Kluft zwischen der Gerechtigkeit Gottes und unserer Gerechtigkeit.

Die Gerechtigkeit Jesu Christi war genau die Gerechtigkeit, die Gott fordert – ganz offensichtlich, denn es ist Gottes eigene Gerechtigkeit. Mit dieser Gerechtigkeit kann ein Mensch vor Gott bestehen.

Nun stellt sich die Frage: »Was müssen wir tun, um diese Gerechtigkeit zu empfangen, um vor Gott bestehen zu können?« Die Antwort lautet, dass diese Gerechtigkeit ein Geschenk ist und im Glauben angenommen werden muss. Sie wird denen gegeben, die sich von ihren eigenen Bemühungen abwenden und auf Christus vertrauen, dass sie von ihm das empfangen, was sie selbst nicht haben. Diese Gerechtigkeit führt uns, wenn wir sie einmal empfangen haben, sicher in den Himmel.

Es ist kein Wunder, dass Luther sagte, er sei »wiedergeboren« worden und »in die Pforten des Paradieses eingegangen«, als er diese Wahrheit annahm. Christus tat etwas für ihn, was seine eigenen Werke niemals zustande gebracht hätten!

Dies nennt man »Rechtfertigung durch Glauben«, ein Vorgang, den man als *Gottes Entscheidung, uns für so gerecht zu erklären, wie er selbst es ist,* bezeichnen könnte. Die Strafe für unsere Sünden ist von Jesus beglichen worden, der den Anforderungen entsprach, die jenseits aller unserer Möglichkeiten liegen.

In Kalifornien, sagte man mir, bekannte ein Mann sich schuldig im Falle eines Verkehrsvergehens. Der Richter verkündete das Urteil, verließ seinen Richterstuhl und bezahlte die Strafe, die er angesetzt hatte. Genauso hat Gott gehandelt. Wir waren eine Summe schuldig, die wir nie hätten begleichen können. Jesus, als zweite Person der Dreieinigkeit, bezahlte unsere Schuld für uns. Gottes Forderungen wurden von Rechts wegen vollständig erfüllt. Denen, die glauben, ist ihre Schuld erlassen.

Dies ist dann eine *Rechtfertigung allein aus Gnaden, allein aus Glauben und allein aus Christus.* Rechtfertigung verändert die Art, wie Gott uns sieht, nicht die Art, wie wir uns selbst sehen. Rechtfertigung ist das Werk Gottes an uns, nämlich das Geschenk der Rechtfertigung, das wir empfangen.

Paulus bemüht sich nun nachzuweisen, dass sogar der jüdische Patriarch Abraham, der im Alten Testament erwähnt wird, durch den Glauben gerechtfertigt wurde, denn er *glaubte Gott* und das *»wurde ihm zur Gerechtigkeit gerechnet«* (Röm 4,3). Das bedeutet einfach, dass ihm die Gerechtigkeit Gottes von Rechts wegen angerechnet wurde. Niemand in der Vergangenheit und niemand heute kann ohne diese Gerechtigkeit gerettet werden.

In einem anderen Abschnitt hat Paulus erklärt:»*Den, der Sünde nicht kannte, hat er für uns zur Sünde gemacht, damit wir Gottes Gerechtigkeit würden in ihm*« (2Kor 5,21). Es wurden zwei unglaubliche Transaktionen durchgeführt, als Jesus am Kreuz starb. *Christus wurde als Sünder angesehen, als er unsere Sünde trug, und wir werden als Heilige angesehen, wenn wir seine Gerechtigkeit empfangen.*

So wie Jesus niemals selbst irgendeine Sünde getan hat, und wir dennoch lesen, dass er *»für uns zur Sünde gemacht*« wurde, genauso werden wir, obwohl wir persönlich nicht gerecht sind, trotzdem als gerecht anerkannt. Wir sind *»Gottes Gerechtigkeit in ihm*« geworden. Wir werden für so gerecht erklärt, wie Gott es ist. In seiner Gegenwart sieht Gott uns niemals allein stehen. Er sieht immer seinen einzigen Sohn vor sich, und wir sind *»in ihm*«. Und wenn ein Stellvertreter die Strafe für die Sünde auferlegt bekommt, dann kann sie dem Sünder nicht nochmals auferlegt werden.

Das Kreuz ist nicht einfach nur Ausdruck der Barmherzigkeit. Es ist auch ein Zeichen für Gerechtigkeit. Um es deutlich auszudrücken: Jesus wurde im rechtlichen Sinne schuldig, jedes der Zehn Gebote gebrochen zu haben. Er wurde im rechtlichen Sinne schuldig, Elternmord, sexuelle Perversionen und andere hassenswerte Dinge getan zu haben. Diese Sünden waren weder Teil seines Wesens noch seines Lebensstils. Es waren fremde Sünden, die er für uns getragen hat. Unsere Schulden wurden seinem Konto angerechnet.

Das Ergebnis ist genau das, was wir so nötig haben. Weil Gottes Gerechtigkeit nun uns gehört, ist der rechtliche Teufelskreis durchbrochen, in dem wir uns befunden haben. Das Dilemma, wie ein heiliger Gott mit der gefallenen Menschheit Gemeinschaft haben kann, ist gelöst. Das erklärt uns, warum das Neue Testament sagen kann, dass wir »*Brüder*« Christi sind: Wir sind »*Erben Gottes und Miterben Christi*« (Röm 8,17).

Manchmal ist die Rechtfertigung so definiert worden: »Es ist, als ob ich nie gesündigt hätte.« Doch das ist nur die eine Hälfte der Geschichte. Es geht nicht nur darum, dass wir wieder eine weiße Weste haben, so wunderbar das ist. Es bedeutet zusätzlich, dass Gott uns so ansieht, als hätten wir ein Leben in vollkommenem Gehorsam geführt. Er sieht uns, als wären wir liebevoll, demütig und rein. Er sieht uns, als hätten wir alles getan, was Christus getan hat.

Wenn Sie schon eine Weile in diesem Buch lesen, dann könnte dies der Zeitpunkt sein, das Buch wegzulegen, auf Ihre Knie zu fallen und Gott für seine unglaubliche Großzügigkeit zu danken. Oder, wenn Sie das Geschenk der Rechtfertigung noch nie empfangen haben, es jetzt im Glauben anzunehmen. Das ist wirklich Gnade!

Und die gute Nachricht wird noch besser, wenn wir noch weiter über die Eigenschaften dieses Geschenkes der vollkommenen Rechtfertigung nachdenken.

Die Eigenschaften der Rechtfertigung

Kein Wunder, dass Paulus das Wunder der Gerechtigkeit Gottes so beschäftigt hat. An die Gemeinde in Philippi schrieb er, dass es sein Ziel war, »*in ihm erfunden*« zu werden, »*indem ich nicht meine Gerechtigkeit habe, die aus dem Gesetz ist, sondern die durch den Glauben an Christus, die Gerechtigkeit aus Gott aufgrund des Glaubens*« (Phil 3,9). Keine Lehre ist wichtiger für unseren Glauben, keine befreit mehr und keine ist notwendiger.

Diese Rechtfertigung ist ein Geschenk
Offensichtlich muss die Gerechtigkeit Gottes ein Geschenk sein, denn weder besitzen wir sie, noch verdienen wir sie. Um Paulus nochmal

zu zitieren: Wir »*werden umsonst gerechtfertigt durch seine Gnade, durch die Erlösung, die in Christus Jesus ist*« (Röm 3,24).

Luther beschrieb diese Gerechtigkeit als »passive Gerechtigkeit«, denn wir empfangen sie, ohne etwas dafür zu tun. Wenn wir das Gesetz sehen, dann sehen wir unsere Sündhaftigkeit. Alles, woran wir denken können, sind die Sünden, die wir begangen haben, und die guten Taten, die wir unterlassen haben. Satan wird diese Schwächen ausnützen und unser Gewissen beunruhigen, verängstigen und verwirren.

Luther fährt fort, dass wir genauso, wie die Erde den Regen nicht machen kann, sondern ihn einfach als Gabe von oben annehmen muss, nichts tun können, außer das Geschenk der Rechtfertigung anzunehmen. Der Boden kann nicht mit seiner Feuchtigkeit angeben, denn er hat diese Erfrischung weder verursacht noch verdient. Der ausgedörrte Boden ist passiv. Er empfängt einfach durch die Gnade Gottes einen Segen.

Wenn die Erde einmal bewässert ist, dann kann sie Frucht bringen, so wie wir für Gott Frucht bringen werden, wenn wir die Gerechtigkeit aus dem Glauben empfangen haben. Und die Schrecken des Gesetzes – nämlich die Strafe für die Sünden, die wir verdient haben –, die brauchen wir nicht länger zu fürchten, weil Christus für uns geradesteht. Er ist unsere Zuflucht und Stärke.

Als ich mit einem Mann sprach, der glaubte, dass er zu viel Schlimmes getan habe, um von Gott angenommen zu werden, bat ich ihn, sich sein Leben als Straße vorzustellen, auf der er einige schlimme Furchen hinterlassen habe, von denen einige in den Graben geführt hätten. Es gab Dinge, die er anderen angetan hatte, die sich nie wiedergutmachen ließen. Auf allen Straßen gibt es solche Stellen, aber diese Straße war besonders schlimm.

Dann bat ich ihn, sich vorzustellen, wie eine meterdicke Schneedecke die Spur überdeckte, die er hinterlassen hatte. Ganz gleich, wie viel Schlamm und Schutt er aufgewühlt hatte, ganz gleich, wie tief die Furchen oder wie schmutzig der Graben war, der Schnee bedeckt alles. Seine Vergangenheit kann zugedeckt werden, genauso wie der Pfad desjenigen, der neben ihm gegangen ist, und sein Leben lang versucht hat, auf der Straße zu bleiben. *»Kommt denn und lasst uns miteinander rechten! spricht der HERR. Wenn eure Sünden rot wie Karmesin sind, wie Schnee sollen sie weiß werden«* (Jes 1,18).

Und wieder muss ich betonen, dass ich nicht behaupte, dass es nichts ausmacht, wie wir uns verhalten, weil Gott einfach daherkommt und alles zudeckt. Es ist natürlich immer besser, ein gutes als ein schlechtes Leben zu führen. Es gibt immer Folgen unseres Tuns, die auch dann bleiben, wenn wir gerechtfertigt sind. Doch wie ich schon im letzten Kapitel betont habe, geht es mir darum, dass der sogenannte »Gute«, wenn es um die Gerechtigkeit Gottes geht, diese genauso von Gott als Geschenk annehmen muss wie ein Krimineller – als Geschenk, das die Sünden der Vergangenheit bedeckt, ganz gleich, wie groß oder klein sie waren.

Gott braucht keine »Spezialmaßnahmen«, um die hartgesottenen, schlimmen, grausamen Sünder zu retten. Auch fällt es ihm nicht leichter, die biederen, netten Sünder zu retten. Das Geschenk der Rechtfertigung – der Schnee, wenn Sie so wollen – kann eine schlechte wie eine gute Straße bedecken. In jedem Fall muss Gott alles tun, was überhaupt zu tun ist.

Die Gnade der Rechtfertigung ist einzigartig. Ein Autor, der die relativen Unterschiede zwischen den Menschen beschrieb, hat das so ausgedrückt: »Die Gnade ... wird nicht kleiner, wenn jemand weniger gesündigt hat. Und sie wird nicht größer, wenn jemand mehr gesündigt hat. Sie steht in keinerlei Beziehung zum menschlichen Verdienst.« Genau so ist es. Die Gerechtigkeit Gottes ist ein Geschenk, das alle erhalten, die wirklich glauben.

Vergessen Sie nie, dass Gott uns dieses Geschenk der Rechtfertigung nicht schuldet. Tatsache ist, dass es kein Geschenk mehr wäre, wäre er verpflichtet, es uns zu geben. Selbst wenn wir es teilweise verdient hätten, dann könnten wir sagen, dass Gott in gewisser Weise verpflichtet war, es uns zu geben. Das Wort Gnade bedeutet aber, dass wir die Rechtfertigung völlig unverdientermaßen bekommen.

Deshalb bekommt auch Gott allein die Ehre für unsere Rettung. Wir können nicht damit angeben, wir haben keine Gelegenheit zu behaupten, dass wir sie verdient oder ihm dabei geholfen hätten. Wir haben sie einfach nur im Glauben angenommen, welcher selbst kein Werk ist, sondern ein besonderes Geschenk Gottes.

Ich möchte, dass auch der Verdorbenste weiß, der dies liest (beurteilen Sie sich selbst!), dass Christus kam, um verdorbene Menschen zu retten. Wir müssen uns nicht die Verdienste Jesu noch einmal verdienen.

Die Rechtfertigung ist unveränderbar

Offensichtlich empfängt jeder, der dieses Geschenk erhält, dieselbe Rechtfertigung. Ob es sich um den Apostel Paulus handelt, der einen großen Teil des Neuen Testaments verfasst hat, oder um Billy Graham, der vor Millionen gepredigt hat, oder um Bernhard von Clairveaux, der Generationen inspiriert hat – diese Männer haben die gleiche Gerechtigkeit empfangen wie wir. Sogar ganz normale Leute wie wir werden auf dieselbe Weise von Gott angenommen, und haben dieselben geistlichen Vorrechte.

Weil ich Pastor bin, werde ich oft gebeten, bei Gemeindeveranstaltungen zu beten, ob es nun ein Picknick, ein Gemeindefest oder eine Hochzeit ist. Irgendwo sitzt bei den Leuten die Vorstellung fest, dass ein Pastor Gott irgendwie näher wäre oder eine bessere Chance hätte, dass seine Gebete beantwortet werden. Doch jeder kann genauso effektiv beten wie ich, jeder hat dieselbe Freundschaft mit Gott, vorausgesetzt, dass er vollkommen gemacht worden ist, indem er dieses besondere Geschenk angenommen hat.

Diese Lehre, dass vor Gott alle gleich sind, heißt »Priestertum aller Gläubigen«. Jeder Gläubige hat die Vorrechte der Kindschaft. Jeder Gläubige wird gleich geachtet und hat die gleiche Möglichkeit, Gott zu dienen.

Nichts kann Gottes Gerechtigkeit je hinzugefügt werden, um sie besser zu machen; nichts kann von ihr weggenommen werden, um ihren Wert zu schmälern. In einer Million Jahre wird sie noch genauso frisch sein wie an dem Tag, als Jesus sein Leben opferte, damit wir das Leben erhalten können. Die Gerechtigkeit Gottes ist also unveränderlich.

Sie brauchen Nikolaus Zinzendorf nicht zu kennen, um von diesen Zeilen zu profitieren, die er geschrieben hat:

> Christi Blut und Gerechtigkeit
> das ist mein Schmuck und Ehrenkleid,
> damit will ich vor Gott bestehn,
> wenn ich zum Himmel werd' eingehn.

Die Rechtfertigung ist dauerhaft

Wir haben erfahren, dass Martin Luther, als er im Kloster seine Sünden bekannte, immer befürchtete, etwas vergessen oder einfach nicht als Sünde erkannt zu haben. Ihn frustrierte die Erkenntnis, dass selbst, wenn es ihm gelänge, mit Gott heute irgendwie ins Reine zu kommen, das Ganze morgen wieder von Neuem beginnen würde. Immer fehlte ihm etwas in seiner Beziehung zu Gott. Es war, als versuche er, bei laufendem Wasserhahn den Boden mit einem Lappen trocken zu wischen.

Was Luther brauchte, war göttliches Handeln, das seine Beziehung ein für alle Mal ins Reine brachte. Er brauchte die Sicherheit, dass seine Zukunft bei Gott gesichert war, und zwar trotz der Sünden, die er morgen begehen würde.

Genauso gibt es auch heute Menschen, die ihre Sünden bekennen, aber nicht sicher sind, dass sie Gottes Anforderungen entsprechen. Und sie haben guten Grund dazu. Sie werden wie Luther entdecken müssen, dass ein Sündenbekenntnis etwas anderes ist als die Annahme der Rechtfertigung Gottes für alle unsere Sünden. Wir werden nicht durch das Bekennen unserer Sünden gerettet, sondern durch Glauben.

Das Sündenbekenntnis ist für die Menschen gedacht, die durch die Rechtfertigung aus Glauben schon Gottes Kinder *sind*. Das Bekenntnis erhält die Gemeinschaft mit Gott aufrecht. Doch ehe wir bekennen, müssen wir uns um die rechtliche Beziehung zu Gott kümmern. Gott muss etwas Endgültiges tun, das uns für immer zu seinen Kindern macht.

Das Bekenntnis ist nicht der Anfang für einen Sünder, sondern es folgt, sobald die Erlösung angenommen ist. Das Bekenntnis hält mich im Gespräch mit Gott, doch ich muss erst zu ihm gehören, bevor es eine Bedeutung hat. Die gute Nachricht der Rechtfertigung lautet, dass die Gerechtigkeit Gottes uns von jetzt an bis in Ewigkeit bekleidet. Vor fast zweitausend Jahren sind die Sünden, die wir eines Tages tun würden, Christus auferlegt worden. Wenn wir ihm vertrauen, empfangen wir das vollkommene Geschenk der Gerechtigkeit, dass unsere rechtlichen Verpflichtungen vor Gott für immer beglichen sind.

Die Rechtfertigung ist kein langer quälender Prozess mit unsicherem Ausgang. Rechtfertigung heißt, auf Christus zu vertrauen, dass er alle neuen Ansprüche Gottes an uns zufriedenstellt. Gott verlangt von mir Vollkommenheit vierundzwanzig Stunden am Tag, und vierundzwanzig Stunden am Tag ist Christus meine Rechtfertigung vor Gott. Er wird morgen für mich eintreten und an jedem weiteren Tag. Wie wir in einem späteren Kapitel sehen werden, ist er entschlossen, uns den ganzen Weg nach Hause zu begleiten.

Man beachte, wie eindeutig der Verfasser des Hebräerbriefes die Vollkommenheit des Opfers Jesu und die Endgültigkeit unserer Rechtfertigung vor Gott betont: *»In diesem Willen sind wir geheiligt durch das ein für alle Mal geschehene Opfer des Leibes Jesu Christi. ... Denn mit einem Opfer hat er die, die geheiligt werden, für immer vollkommen gemacht«* (Hebr 10,10.14). Es gab nur ein *einziges* Opfer Jesu, und diejenigen, die darauf vertrauen, werden *»für immer vollkommen gemacht«*. Wir werden nicht Schritt für Schritt durch religiöse Zeremonien gerechtfertigt. Wir werden durch *eine* vollkommene Tat gerecht gesprochen.

Offensichtlich würde unsere künftige Beziehung zu Gott ständig auf dem Spiel stehen, wenn die Rechtfertigung sich nur auf die vergangenen Sünden beziehen würde. Morgen wäre ein neuer Tag mit all seinen Verführungen und Sünden, und ich könnte eine schlimme Sünde begehen und dann unversöhnt sterben. Wenn dann alle meine bekannten Sünden und guten Taten nicht bis zu diesem Tag reichen, dann würde ich verlieren, was ich gestern hatte. Ich bin so froh, dass dies *nicht* so in der Bibel steht.

Ich kenne eine Reihe von Christen, die Selbstmord begangen haben. Eine Frau zeigte mir den Abschiedsbrief ihres Mannes, in dem er sagte, dass er den Gedanken an weiteres Leid nicht ertragen könne. Obwohl er ein hingegebener Christ war, Bibelgruppen geleitet und andere zum Glauben geführt hat, beschloss er, seiner Qual auf diese Weise ein Ende zu setzen.

Ein Mädchen fühlte sich so ungeliebt, dass es meinte, seiner Familie einen Gefallen zu tun, wenn es Schlaftabletten nähme. Einige Menschen sind der Ansicht, dass alle, die Selbstmord begehen, in die Hölle kommen, weil sie eine Sünde begangen haben, für die sie nicht um Vergebung bitten können. Doch die gute Nachricht lautet, dass diejenigen, denen die Gerechtigkeit Gottes angerechnet worden ist, gerettet werden, auch wenn sie mit solch einem Versagen enden.

Selbstmord ist eine schlimme Sünde (Mord), doch Gott sei Dank, dass Christus selbst für solche Sünder gestorben ist.

Sobald Luther die Tatsache verstanden hatte, dass der Tod Jesu jedes Unrecht beglichen hat, das er Gott schuldig geblieben war, gab er die Lehre vom Fegefeuer auf, die sich interessanterweise in der Bibel nicht findet. Die Vorstellung, dass wir durch Leiden etwas dem Werk Christi hinzufügen müssen oder dass wir noch weiter gereinigt werden müssen, setzt das Werk Christi für uns herab! Christus hat *alle* unsere Sünden beglichen. Wenn wir sterben, gibt es keinen Zwischenstop.

Augustinus, der sich seiner eigenen Sündhaftigkeit bewusst war, rief aus: »O Herr, gib mir, was du forderst, und dann fordere, was du willst!« Und wenn Gott uns schenkt, was wir nötig haben, dann können wir sicher sein, dass alle seine Forderungen erfüllt sind. Das Lied von Elvina Hall drückt das treffend aus:

Jesus hat alles bezahlt,
ihm schulde ich alles.
Die Sünde hat einen roten Fleck hinterlassen,
er wäscht mich weiß wie Schnee.

Stellen Sie sich nur vor: Die Werke Jesu werden uns so angerechnet, als ob wir sie selbst getan hätten. Wir schulden Gott keinerlei Rechtfertigung mehr, weil wir aufgrund des Verdienstes Christi angenommen sind.

Die Rechtfertigung garantiert uns Gottes vorbehaltlose Liebe
In vielen Familien bekommen Kinder den Eindruck, dass die Liebe der Eltern zu ihnen auf Bedingungen beruht, wie sich das Kind verhält. Ich weiß nicht, wie oft mir schon jemand gesagt hat: »Wenn ich eine Zwei bekäme, dann würde mein Vater mich fragen, warum ich nicht

eine Eins hätte. Und wenn ich eine Eins hätte, dann fragt er, warum nicht Eins-plus.« Unausweichlich wächst das Kind mit der Vorstellung auf, dass es nur geliebt wird, wenn es Leistung bringt.

Aber stellen Sie sich vor: Weil wir in Christus angenommen sind, wäre es eine Irrlehre zu sagen, dass Gott uns mehr lieben würde, wenn wir nur besser wären. Gott liebt uns in Christus und deshalb genauso, wie er Christus selbst liebt.

Wenn Sie meinen, dass ich übertreibe, dann bedenken Sie einmal diese Worte, die Jesus in einem Gebet zu seinem Vater benutzt hat: *»Und die Herrlichkeit, die du mir gegeben hast, habe ich ihnen gegeben, dass sie eins seien, wie wir eins sind – ich in ihnen und du in mir –, dass sie in eins vollendet seien, damit die Welt erkenne, dass du mich gesandt und sie geliebt hast, wie du mich geliebt hast«* (Joh 17,22-23).

Gott liebt Jesus. Deshalb liebt er auch uns, weil wir angesehen werden, als wären wir *»in Christus«*, mit seiner Vollkommenheit bekleidet. Christus hat keine zusätzliche Gerechtigkeit, die uns fehlt, denn er teilt sie ganz mit uns.

William Cowper, dessen Geschichte etwas später in diesem Buch erzählt wird, schrieb:

> Wie kannst du nur so gut von mir denken,
> und doch der Gott sein, der du bist.
> Das ist meinem Verstand finster,
> aber Sonnenlicht für mein Herz.

Wenn wir einmal Gottes Kinder geworden sind, dann können wir Gott natürlich gefallen oder auch nicht, je nachdem, was für ein Leben wir führen. Wir müssen unterscheiden zwischen unserer rechtmäßigen Annahme in Christus (unserer *Stellung*) und unserem *Zustand* (unserer alltäglichen Lebenspraxis). Weil wir wissen, dass wir geliebt werden, werden wir uns bemühen, Gott zu lieben. »*Wir lieben, weil er uns zuerst geliebt hat*« (1Jo 4,19).

Diese Gerechtigkeit vereinigt uns mit Christus

Wir alle haben wohl im Fernsehen die Aufnahmen von den Polizisten gesehen, die Rodney King verprügelt haben. Diese Aufnahmen wurden von den Medien benutzt, um auf die Gewalt von Polizisten aufmerksam zu machen. Jedesmal, wenn Rodney King aufstehen wollte, wurde er wieder niedergeprügelt. Er konnte nur noch kriechen, und selbst das handelte ihm Schläge ein.

Das ist ein Bild für den Konflikt unserer Seele. Gerettet sein (ein Ausdruck den die Bibel für die benutzt, die gerechtfertigt sind) bedeutet nicht, dass wir von Versuchung und Sünde befreit sind. Oftmals, wenn wir versuchen zu stehen, merken wir, dass uns ein Bein gestellt wird oder wir niedergeschlagen werden.

Aber wir *können* stehen. Wir sind mit Christus im Glauben verbunden, deshalb können wir durch seine Kraft stehen. Wir werden von Umständen nicht überwältigt, selbst nicht durch unser eigenes Versagen. Wir freuen uns darüber, dass Christus heute alles ist, was wir brauchen: »*Aus ihm aber kommt es, dass ihr in Christus Jesus seid, der uns geworden ist Weisheit von Gott und Gerechtigkeit und Heiligkeit und Erlösung*« (1Kor 1,30).

Der Ausdruck »*in Christus Jesus*« findet sich mehr als hundertmal in den Paulusbriefen. Manchmal haben Ausleger unsere Vereinigung mit Christus als »stellungsmäßige Wahrheit« beschrieben, das heißt, dass sie sich nur auf unsere rechtliche Stellung vor Gott bezieht. Obwohl das stimmt, ist unser »*in Christus sein*« eine *Realität*, sie braucht nicht noch realer zu werden. Diese neue Beziehung betrifft nicht nur unser Selbstbild, sondern wird Grundlage unserer Ermutigung und Kraft.

Eine geistlich niedergeschlagene Frau, deren Ehe in die Brüche gegangen war und die kaum Hoffnung auf eine glückliche Zukunft hatte, schrieb mir, sie habe »aufgeben auch nur zu versuchen, es Gott recht zu machen.« Ich antwortete ihr, dass sie sich wegen ihres Versagens nicht hilflos fühlen müsse, denn wenn sie auf Christus vertraue, dann habe er es doch schon an ihrer Stelle Gott recht gemacht. Natürlich sollte sie versuchen, Gott in ihrem alltäglichen Leben zu gefallen, doch ihre Anstrengungen könnten nie die Grundlage für ihre Annahme bei Gott sein. Die einzige sichere Basis ihrer Beziehung zu Gott wäre immer Christus, nicht sie selbst.

Wenn die Stimme des Gewissens uns sagt, dass wir unwürdig sind, wenn wir von den Konsequenzen unseres Tuns überwältigt werden und glauben, dass wir uns niemals selbst vergeben können, dann dürfen wir dennoch sicher sein: »Heute nimmt Gott mich an, genauso wie er Christus selbst annimmt. Heute ist Christus mein Stellvertreter, und er tritt für mich ein.«

In Christus zu sein, gibt uns die Sicherheit, dass unser Gebet erhört wird. Calvin schrieb: »Es ist offensichtlich, dass wir nicht kühn vor den Richterstuhl Gottes treten könnten, ohne dass wir absolut sicher sind, dass er unser Vater ist. Und dies ist nur möglich, wenn wir in seinen Augen vollkommen gerecht sind.«

Die Geschichte von den zwei Büchern

In einer Diskussion sagte ein Freund zu mir: »Es gibt so viele verschiedene Religionen auf der Welt, wie kann ich da sicher sein, welche die richtige ist?« Ich antwortete ihm, ich würde ihm die Sache vereinfachen. Ich würde beweisen, dass es nur zwei Religionen in der Welt gibt.

Ich nahm ein Blatt Papier, zog eine Linie in der Mitte und schrieb über die linke Spalte: »Alle Religionen, die lehren, dass wir dabei helfen können, uns selbst zu erlösen.« Über die andere Spalte schrieb ich:»Alle Religionen, die lehren, dass Gott alles getan hat, um uns zu retten.«

Augenblicklich wurde klar, dass alle Religionen der Welt in die linke Spalte gehören. Nur der christliche Glaube gehört auf die rechte Seite.

Die Kluft zwischen diesen beiden Ansichten ist unendlich und unüberbrückbar. Die Entfernung ist so groß wie die zwischen Himmel und Hölle, zwischen Gott und Satan, zwischen Hoffnung und Hoffnungslosigkeit.

Kürzlich leitete ich einen Gedenkgottesdienst für einen jungen Mann namens Roger, der an AIDS gestorben war. Obwohl er Christus als Vergebung seiner Sünden angenommen hatte und ihm deshalb die Rechtfertigung Gottes angerechnet wurde, kämpfte er immer noch mit der Homosexualität, bis er mit dem HIV-Virus infiziert wurde. Danach brach er mit seiner Vergangenheit und führte ein Leben der Hingabe an Christus. Im Krankenhaus war er ein Zeuge der Gnade Gottes, vor allem für diejenigen, die mit demselben Lebensstil und derselben Krankheit zu kämpfen hatten.

Während seiner letzten Tage wäre es für Roger leicht gewesen, sich auf seine Vergangenheit und die schlimmen Furchen zu konzentrieren, die er in seinem Leben hinterlassen hatte. Aber das tat er nicht. Er konzentrierte sich stattdessen darauf, dass er von Christus angenommen war, auf die vollkommene Gabe der Rechtfertigung, die ihm die Sicherheit gab, im Himmel willkommen zu sein. Ich bin überzeugt, dass er den Himmel so vollkommen, wie Gott es ist, betreten hat.

Stellen Sie sich ein Buch vor, das den Titel»Leben und Wirken von Jesus Christus« trägt. Es enthält alle Vollkommenheiten Christi – seine Taten, seinen heiligen Gehorsam, seine Reinheit, seine uneigennützigen Motive. Wahrlich ein wunderbares Buch.

Und nun stellen Sie sich ein zweites Buch vor»Leben und Wirken von Roger«. Es enthält alle seine Sünden, seine gebrochenen Versprechen, Unreinheit und Verrat an Freunden, sündige Gedanken, zweifelhafte Motive und Ungehorsam würde man dort finden.

Und schließlich stellen sie sich vor, dass Christus beide Bücher nimmt, den Einband abreißt und den Inhalt seines eigenen Buches nimmt und ihn zwischen die Deckel von Rogers Buch steckt. Wir nehmen das Buch und schauen es uns an. Auf dem Einband lesen wir: »Leben und Wirken von Roger«. Dann öffnen wir das Buch, blättern um und finden keine einzige Sünde vermerkt. Wir sehen nur eine lange Liste der Vollkommenheiten, des Gehorsams, der moralischen Reinheit, der vollkommenen Liebe. Dieses Buch ist so schön, dass sogar Gott es bewundert.

Dieser Tausch ist es, den wir Rechtfertigung nennen. Die Lieblichkeit und Vollkommenheit Christi wird denen angerechnet, die so schrecklich unvollkommen sind. *Natürlich müssen wir vollkommen sein, um in den Himmel zu kommen, und durch Christus sind wir es auch!*

Die Schrecken des Gesetzes und Gottes
haben mit mir nichts mehr zu tun.
Der Gehorsam und das Blut meines Heilands
bedecken alle meine Sünden.
Meinen Namen in seinen Handflächen
kann auch die Ewigkeit nicht löschen,
für immer wird er dort stehen,
geschrieben mit unauslöschlicher Gnade.

Und die Geschichte ist noch nicht zu Ende.

Kapitel 4
Wir brauchen ein Wunder

Religion kann wirklich langweilig sein.

Sie brauchen keine Forschung zu betreiben, um das zu beweisen. Vergleichen sie nur einmal die Anzahl der Menschen in der Kirche mit der Menschenmenge bei einem Fußballspiel. Offensichtlich gibt es nichts halb so aufregendes in der Kirche wie in der Bundesliga, insbesondere wenn Bayern München, Borussia Dortmund oder Schalke 04 spielen.

Warum diese Monotonie, warum so wenig Begeisterung?

Es ist nicht einfach, Traditionen und religiösen Riten treu zu sein, selbst wenn wir ihre Bedeutung verstehen. Auch ist es nicht so aufregend, nach einem moralischen Maßstab zu leben, den wir sowieso nicht einhalten können. Jemand hat mir mal gesagt: »Ich stecke meine ganze Energie in die Gemeinde, aber ich bekomme nichts zurück.«

Das ist kein neues Problem. Von Natur aus definieren wir Menschen unsere Religion durch das, was wir von uns selbst und anderen erwarten. Und »tun« kann sehr ermüdend sein. Langweilig – häufig sogar todlangweilig.

Zur Zeit des Neuen Testaments gab es eine Gruppe Geistlicher, die bis aufs Letzte ihre religiösen Pflichten erfüllten. Sie hatten mehr Rotstifte, als ein einzelner Mensch tragen kann, und einige Regeln zogen viele andere nach sich. Ihre religiösen Regeln schienen dazu da zu sein, an ihnen zu scheitern. Ganz gleich, wie sehr man sich anstrengte, es gab immer etwas, das man entweder zu tun vergaß oder von dem man hätte noch mehr tun können. Damit war natürlich nicht nur die Begeisterung dahin, sondern auch die Hoffnung des einfachen Mannes, der diese ganzen Vorschriften noch nicht einmal behalten konnte, geschweige denn sie auch noch alle erfüllen.

Diese Geistlichen hießen *Pharisäer*, auf ihre Art gute Menschen, die jedoch Spezialisten darin waren, das alttestamentliche Gesetz zu missbrauchen, indem sie es als System von komplizierten Regeln betrachteten, anstatt als Mittel, Gottes Gnade erfahren zu können. Kein Wunder, dass Jesus über sie sagte: *»Sie binden aber schwere Lasten und legen sie auf die Schultern der Menschen, sie selbst aber wollen sie nicht mit ihrem Finger bewegen«* (Mt 23,4). Sie genossen es, den Menschen religiöse Pflichten aufzubürden und zuzuschauen, wie sie sich unter der Last wanden.

Doch einer dieser Pharisäer wollte so gerne etwas Echtes von seiner Religion, dass er zu Jesus kam, um ihm einige wichtige Fragen zu stellen. Die sollten ihm helfen, die Last seiner Religion abzuschütteln. Er war sicher einer der Besseren unter ihnen, denn er wusste ja, wie kritisch Jesus seiner Gruppe gegenüberstand. Es ist jedoch nicht immer einfach, den schmalen Weg zum Leben zu finden.

Dieser Mann hieß Nikodemus und er war ein Pharisäer, der im höchsten Gericht des Judentums vertreten war. Er gehörte zu den Richtern, die die letzte Instanz des jüdischen Gesetzes verkörperten. Er war Teil dieser Bruderschaft, einer von denen, die sich dem Normalbürger überlegen vorkamen. Er war ein Frommer unter den Frommen.

Interessanterweise hatte er zwar *Gesetze*, aber es fehlte das *Echte*, er wurde zwar als *guter Mann* bewundert, aber er hatte keine *Beziehung zu Gott*. Ganz egal wie fromm er äußerlich war, innerlich war er verdorben. Tatsache ist, dass seine Religion für ihn eher ein Hindernis als eine Hilfe war, das wusste er jedoch noch nicht.

Er besuchte Jesus am späten Abend, vielleicht, weil er nicht gesehen werden wollte, wie er mit dem Mann sprach, den er eigentlich hassen müsste. Sie erinnern sich daran, dass Jesus die frommen Pharisäer immer wieder vor den Kopf stieß, indem er ihren Hokus-Pokus einfach überging und die wirklich wichtigen Fragen ansprach.

Geistlich gesprochen konnte die Nacht in Juda kaum finsterer sein als die Seele des Nikodemus. Später sollte er die Finsternis verlassen und in das klare Licht des Tages eintreten – aber damit greifen wir der Geschichte vor.

Wir wollen nun das Gespräch zusammenfassen, wie es uns in Johannes 3,1-7 berichtet ist, und mit einer Frage des Nikodemus beginnt: *»Rabbi, wir wissen, dass du ein Lehrer bist, von Gott gekommen, denn niemand kann diese Zeichen tun, die du tust, es sei denn Gott mit ihm.«*

Jesus antwortete: *»Wahrlich, wahrlich, ich sage dir: Wenn jemand nicht von Neuem geboren wird, kann er das Reich Gottes nicht sehen.«*

Nikodemus spricht zu ihm: *»Wie kann ein Mensch geboren werden, wenn er alt ist? Kann er etwa zum zweiten Mal in den Leib seiner Mutter eingehen und geboren werden?«*

Jesus antwortete: *»Wahrlich, wahrlich, ich sage dir: Wenn jemand nicht aus Wasser und Geist geboren wird, kann er nicht in das Reich Gottes eingehen. Was aus dem Fleisch geboren ist, ist Fleisch, und was aus dem Geist geboren ist, ist Geist. Wundere dich nicht, dass ich dir sagte: Ihr müsst von Neuem geboren werden.«*

Wir müssen von Neuem geboren werden?

Was meinte Jesus mit dem Ausdruck *von Neuem geboren*? Wir gebrauchen den Ausdruck heute dafür, dass wir uns frisch und energiegeladen fühlen, wenn wir sagen, wir fühlen uns *wie neugeboren*.

Doch wir müssen unbedingt herausfinden, was *Jesus* mit diesem Ausdruck meinte, denn er sagte, dass niemand ohne diese neue Geburt in den Himmel kommt. Die eigentliche Bedeutung des Ausdrucks ist: »Von oben geboren« werden. Christus sprach von dem, was der Heilige Geist in uns tut. Er wollte uns helfen, das Wunder zu verstehen, das nur Gott tun kann.

Ein anderer Ausdruck für die neue Geburt ist das geläufigere Wort »Wiedergeburt«. Es bedeutet normalerweise, dass man noch einmal geboren wird – hier auf der Erde, mit einem neuen Körper. Doch die Bibel gebraucht diesen Ausdruck wie auch den Ausdruck »neue Geburt«, um damit Gottes Handeln an uns zu bezeichnen, mit dem er uns geistliches Leben gibt. Es handelt sich um die Schöpfung einer göttlichen Natur in uns. Dieses Handeln Gottes verändert uns von Grund auf. Wir sind eine »neue Schöpfung« in Christus.

Warum müssen wir nun wiedergeboren werden? Gott hatte Adam und Eva gewarnt: »... an dem Tag, da du von dem Baum des Wissens von Gut und Böse isst, musst du sterben« (1Mo 2,17). Und sie starben. Voller Schande und Bedauern versuchten sie, vor Gott wegzulaufen. Sie wurden aus dem Garten vertrieben, ihr Verstand wurde verfinstert, und die Kommunikationskanäle zwischen ihnen und Gott waren verstopft. Wir haben ihre Sünde geerbt, und obwohl wir nicht die Fähigkeit des vernünftigen Denkens verloren haben, können wir doch mit unserem Verstand Gott nicht mehr erfassen. Und was noch schlimmer ist: Wir haben keine Möglichkeit, den Schaden wiedergutzumachen.

Adam und Eva begannen an dem Tag körperlich zu sterben, an dem sie sündigten, und sie wären auch ewig gestorben – das heißt, sie wären für immer von Gott getrennt gewesen –, wenn Gott nicht eingegriffen hätte. Genauso wie ein Kurzschluss die Lampe löscht, so hat die Sünde die Verbindung einfach gekappt. Moralisch und geistlich wurde die Menschheit (und damit sind wir ganz persönlich gemeint) in die Finsternis gestürzt.

»Von Neuem« oder »wieder«-geboren zu werden bedeutet, dass die Unterbrechung im Stromkreis repariert worden ist, so dass wir wieder Kontakt zu Gott haben. Gott erneuert unseren Geist und gibt uns ein neues Wesen, und später einmal in der Auferstehung werden wir sogar einen neuen Leib empfangen. Wir sprechen hier also von einer sehr grundlegenden Veränderung!

Um es anders auszudrücken, so wie unsere leibliche Geburt uns zu Mitgliedern einer irdischen Familie macht, so ist unsere geistliche Geburt dazu notwendig, um uns zu Mitgliedern der himmlischen Familie zu machen. Und so, wie ein neugeborenes Baby nur eine Zukunft und keine Vergangenheit hat, so kommt Gott, um uns unsere Vergangenheit zu vergeben und uns eine neue Zukunft zu schenken. Kein Wunder, dass Jesus sagte: »*Wenn jemand nicht von Neuem geboren wird, ... kann er nicht in das Reich Gottes eingehen*« (Joh 3,3.5).

Das hatte Nikodemus nicht verstanden. Er hörte die Worte »geboren werden«, und sein Verstand dachte an eine leibliche Geburt. Deshalb fragte er: »*Wie kann ein Mensch geboren werden, wenn er alt ist? Kann er etwa zum zweiten Mal in den Leib seiner Mutter eingehen und geboren werden?*«

Jesus antwortete: »*Wahrlich, wahrlich, ich sage dir: Wenn jemand nicht aus Wasser und Geist geboren wird, kann er nicht in das Reich Gottes eingehen.*« Diese Geburt hat mit unserer Mutter nichts zu tun, aber sehr viel mit unserem Vater, nämlich dem Vater im Himmel.

Wir müssen »*aus Wasser und Geist geboren*« werden. Wie Sie sicher wissen, sehen viele Leute das Wort *Wasser* und denken, dass Jesus die *Taufe* meint. Doch das Wort Taufe erscheint nirgendwo in diesem Abschnitt. Ich möchte jedoch mit allem Respekt unterstellen, dass Taufe keinesfalls etwas war, an das Nikodemus in diesem Augenblick denken würde – denn wir sollten uns vor Augen halten, dass Jesus erwartete, dass Nikodemus die Tatsachen schon kennen würde, die er mit ihm an diesem Abend diskutieren wollte (vgl. V. 10).

Wenn die Taufe wirklich notwendig wäre, um in das Reich Gottes zu kommen, dann könnte keiner, der zur Zeit des Alten Testaments gelebt hat, in den Himmel kommen. Die Taufe wurde erst von Johannes dem Täufer auf der Erde eingeführt. Unter den Juden wurde sie nicht praktiziert. Ja, die Priester hatten ihre Waschungen, doch waren diese nicht ihre Eintrittskarte in das Reich Gottes. Gott macht seine Erlösung nicht von der Erfüllung eines Rituals abhängig.

Nikodemus musste wissen, dass im Alten Testament *Wasser* und *Geist* oftmals verbunden werden und dann für die geistliche Erfrischung stehen, die Gott schenkt. Ihm wird sicherlich ein Abschnitt aus Hesekiel in den Sinn gekommen sein: *»Und ich werde reines Wasser auf euch sprengen, und ihr werdet rein sein; von all euren Unreinheiten und von all euren Götzen werde ich euch reinigen. Und ich werde euch ein neues Herz geben und einen neuen Geist in euer Inneres geben; und ich werde das steinerne Herz aus eurem Fleisch wegnehmen und euch ein fleischernes Herz geben«* (Hes 36,25-26).

Wenn das Wort *Wasser* im Alten Testament symbolisch benutzt wird, dann bezieht es sich immer auf Erneuerung oder Reinigung, insbesondere, wenn es mit dem Wort *Geist* verbunden wird. An vielen Stellen wird ein »Ausgießen« des Geistes erwähnt (z. B. in Jes 32,15; 44,3-5). Wenn der Heilige Geist sein Werk tut, dann verändert er, und er reinigt auch. Beides ist ein Wunder. Die Reinigung durch den Heiligen Geist erreicht, was wir nie erreichen könnten.

Es gibt einen zweiten Grund, warum wir annehmen können, dass Christus das Wasser als Symbol für das Wirken des Heiligen Geistes benutzt. Er sagte nämlich nicht, dass wir »aus dem Wasser geboren und aus dem Geist geboren« werden müssten, so als ob es sich dabei um zwei verschiedene Ereignisse handelte. Sondern er sagte, dass wir *»aus Wasser und Geist«* geboren sein müssen. Wasser und Geist sind hier verbunden, doch es gibt nur eine Geburt, nämlich die *»von oben«*. Deshalb wird diese Stelle manchmal übersetzt: »Geboren aus Wasser und sogar aus Geist«. Diese Wiedergeburt wird von Gott ohne jede menschliche Hilfe bewirkt.

Erinnern wir uns: Rechtfertigung und Wiedergeburt geschehen

gleichzeitig. Sie sind zwei verschiedene Segnungen, die wir erhalten, wenn wir den rettenden Glauben annehmen. Obwohl sie nicht voneinander zu trennen sind, müssen wir doch zwischen ihnen unterscheiden. Die Rechtfertigung geschieht *äußerlich*, denn Gott verkündet im Himmel, dass wir vor ihm so gerecht wie Christus sind. Die Wiedergeburt geschieht *innerlich*, denn wir erhalten geistliches Leben und eine Beziehung zu Gott.

Eigenschaften der Wiedergeburt

Jesus verglich unsere leibliche Geburt mit unserer geistlichen, als er Nikodemus erklärte: »*Was aus dem Fleisch geboren ist, ist Fleisch, und was aus dem Geist geboren ist, ist Geist*« (Joh 3,6). Fleisch zeugt Fleisch, und Geist zeugt Geist.

Sie werden meiner Meinung nach überrascht sein, welch ein großes Wunder die Wiedergeburt wirklich ist. Offensichtlich können wir sie selbst nicht vollbringen, aber Gott kann es.

Das Werk unseres himmlischen Vaters

Unsere erste Geburt war das Resultat der Samenzelle unseres Vaters, die sich mit der Eizelle unserer Mutter vereinigte. Ich habe die Eigenschaften meiner Eltern geerbt, und auch ihr Wesen (eine sündige Natur, möchte ich hier betonen).

Genauso kamen zwei Elemente zusammen, damit wir in die Familie Gottes hineingeboren wurden. Das Wort Gottes (das Evangelium) vereinigt sich mit dem Geist Gottes, um das Wunder der göttlichen Geburt, der neuen Geburt zu vollbringen. Hören wir auf die Worte von Petrus: »*Denn ihr seid wiedergeboren nicht aus vergänglichem Samen, sondern aus unvergänglichem durch das lebendige und bleibende Wort Gottes*« (1Petr 1,23).

Unsere leibliche Geburt wurde durch vergänglichen Samen verursacht, unsere geistliche Geburt durch unvergänglichen Samen. Unsere Eltern waren nicht in der Lage, uns von der ererbten Verdorbenheit zu reinigen.

Doch die zweite Geburt kann das tun, was die erste nicht zustande brachte, denn sie geschieht durch einen unvergänglichen Samen. Am 3. Oktober 1941 bin ich dank meines Vaters und meiner Mutter in meine Familie hineingeboren worden. Vierzehn Jahre später, als mir meine Sündhaftigkeit so deutlich vor Augen stand, dass ich kaum schlafen konnte, schenkte mir Gott in seiner Gnade den Glauben, und ich wurde in meine geistliche Familie hineingeboren. Das Wort Gottes zusammen mit dem Geist Gottes hat in mir neues Leben gezeugt.

Zwei Menschen können ein Kind nach ihrem Ebenbild zeugen, das ihnen leiblich und moralisch ähnlich ist (wir haben uns sicher schon oft darüber gewundert, wie ähnlich ein Kind seinem Vater oder seiner Mutter sehen kann). Genauso zeugt Gott uns nach seinem Ebenbild. Bitte missverstehen Sie mich nicht. Gott bleibt immer Gott, und wir sind immer nur Menschen. Doch wenn wir wiedergeboren werden, dann empfangen wir sein Wesen. Wir werden in unserem Alltag nie vollkommen sein, *aber* wir werden dennoch verändert.

Weder Sie noch ich können jemandem die zweite Geburt schenken. Wir werden nur von Gott gezeugt, ohne dass Menschen daran teilhaben. Wir können manches tun, aber eine neue Geburt hervorzubringen, gehört nicht dazu. Wenn Gott ein Leben erneuert, dann handelt er durch das Wort und den Geist. Die Wiedergeburt ist ein direkter Akt seiner Allmacht.

Damit sollte für uns alles klar sein. Paulus schrieb: *»Daher, wenn jemand in Christus ist, so ist er eine neue Schöpfung; das Alte ist vergangen, siehe, Neues ist geworden«* (2Kor 5,17). Die Wissenschaftler haben wunderbare Dinge entdeckt, doch eines haben sie nie geschafft, nämlich ein einziges Molekül zu erschaffen. Die Schöpfung ist Gottes Werk, und wir können nur ehrfürchtig seine Macht bestaunen. Er hat das Universum aus dem Nichts erschaffen. Selbst wenn wir an dem Tag gelebt hätten, als Erde und Himmel geschaffen wurden, hätte er uns nicht benötigt, um seine Aufgabe leichter zu machen. Wir sind nicht nötig gewesen zu helfen, weil es dem Allmächtigen etwa »ein bisschen zu viel« geworden wäre. Nein, Gott handelte ganz allein, und er hatte seine Gründe dafür.

Wenn wir »wiedergeboren« werden, dann schafft Gott in uns eine neue Natur, die vor seinem Eingreifen noch nicht vorhanden war. Auch das Licht wurde durch einen göttlichen Akt geschaffen. Auf dieselbe Weise ist auch das geistliche Licht, das die Wiedergeburt hervorbringt, ein souveränes Werk Gottes. *»Denn Gott, der gesagt hat: Aus Finsternis soll Licht leuchten! Er ist es, der in unseren Herzen aufgeleuchtet ist zum Lichtglanz der Erkenntnis der Herrlichkeit Gottes im Angesicht Jesu Christi«* (2Kor 4,6). Der Lichtstrahl, der unsere Wiedergeburt in Gang setzt, muss ganz allein von Gott kommen. Er hat allein gehandelt und schuf unsere neue Natur aus dem Nichts.

Im zweiten Kapitel habe ich das Bild der Auferstehung gebraucht, das Paulus benutzt hat, um die Errettung zu erklären. Als Jesus an das Grab von Lazarus kam, erwartete er weder von seinen Jüngern noch von Lazarus Hilfe. Er sagte nicht: »Nun, Lazarus, wenn du willst, dass ich dich von den Toten aufwecke, dann bewege doch mal den Arm.«

Als das Wunder geschehen war und Lazarus aus der Höhle kam, in der er gelegen hatte, konnten die Jünger ihm die Grabtücher abnehmen, ihm etwas zu essen bringen, ihm dabei helfen, sich wieder im irdischen Leben zurechtzufinden. Aber als Lazarus im Grab lag, konnten sie nur zusehen, wie Jesus das tat, was nur Gott tun kann.

Natürlich, wenn Gott uns errettet, ist es ein wenig anders als bei Lazarus. Wir stimmen zu, dass er sein Werk tut, und wir vertrauen auf das, was Christus getan hat. Im Gegensatz zur unbeseelten Natur haben wir einen Verstand, einen Willen und Gefühle. Und doch ist selbst unsere Reaktion das Ergebnis des Handelns Gottes an unseren Herzen. Gott macht uns bewusst, dass wir Christus brauchen, und er gibt uns die Fähigkeit zum Glauben. Die Erlösung kommt vom Anfang bis zum Ende allein von ihm.

Die Schöpfung der Welt und des Lichtes waren natürlich große Wunder. Im Unterschied dazu betrifft die Wiedergeburt nicht das gesamte Universum, und die neue Natur tritt nicht so großartig in Erscheinung wie der Sternenhimmel, und das Licht in unserem Verstand ist nicht so blendend wie das Sonnenlicht. Und unsere Auferstehung zum Leben ist nicht so spektakulär wie die Auferweckung des Lazarus.

Und doch ist die neue Geburt wohl das größere Wunder. In der Schöpfung des Universums sehen wir nur die furchterregende *Macht* Gottes, im Wunder der Wiedergeburt dagegen sehen wir die *Barmherzigkeit* und *Gnade* Gottes. Die Sterne sind symbolisch gesprochen seiner Finger Werk, die Errettung dagegen ist das Werk seines Armes. Gott hat die Materie erschaffen und sie geordnet, doch als er uns gerettet hat, musste er die Blindheit und Dickköpfigkeit unseres Willens überwinden. Er brachte uns in Einklang mit seinem Handeln.

Im Jahr 1954 sang der Solist George Beverly Shea vom *Billy-Graham-Team* dieses Lied vor Tausenden von Menschen im überfüllten *Harringay Stadion* in London:

Ein Wunder war nötig,
die Sterne an ihren Platz zu weisen.
Ein Wunder war nötig,
die Erde im Weltraum schweben zu lassen.
Doch als er meine Seele gerettet hat,
sie reinigte und mich heilte,
da war ein Wunder der Liebe und Gnade nötig!

Eine englische Dame, die offensichtlich die Worte nicht ganz richtig verstanden hatte, kam später zu Shea und fragte entrüstet:»Was haben Sie damit gemeint: ›Amerika war nötig, um die Sterne an ihren Platz zu weisen?!‹« (*A miracle* [= ein Wunder] und *America* werden im Englischen recht ähnlich ausgesprochen. Anm. d. Übers.)

Amerika hat einige wundervolle Dinge vollbracht, hat sogar Astronomen ausgebildet, die die Sterne gründlich erforscht haben, aber bisher ist es noch keinem gelungen, auch nur einen neuen Stern zu erschaffen. Wir haben Menschen zum Mond geschickt, aber nur Gott konnte den Mond erschaffen. Wir müssen zwischen dem, was wir tun können, und dem, was Gott tun kann, deutlich unterscheiden. Nur Gott kann bewirken, dass wir von oben wiedergeboren werden.

Andere Religionen versuchen, den Menschen zu verbessern, aber nur das Christentum erweckt Menschen zum Leben. Die Wiedergeburt bewegt gewissermaßen den Hebel wieder zurück, der umgelegt wurde, als Adam und Eva im Garten Eden sündigten. Das Wunder ist völlig einseitig bewirkt. Charles Wesley verstand Gottes souveränes Werk der Errettung, als er das beliebte Lied dichtete:

Lange lag mein gefangener Geist
gekettet in Sünde und Todesnacht.
Deine Augen sandten den belebenden Strahl,
ich erwachte, und mein Gefängnis erstrahlte im Licht.
Meine Ketten fielen, mein Herz wurde frei,
ich stand auf, ging hinaus und folgte dir nach.

Wir sind die Gefangenen, Gott ist unser Befreier. Er lässt sein Licht in unser Gefängnis scheinen, sprengt die Ketten und sagt uns, dass wir frei sind. Hätte er nicht gehandelt, wären wir für immer verloren.

Der Wille unseres Vaters im Himmel

Nun möchte ich etwas erwähnen, das Ihnen vielleicht unangenehm ist, aber halten Sie bitte durch. Haben Sie beschlossen, geboren zu werden? Nein, diese Entscheidung haben Ihre Eltern getroffen. (Ich bin schon Menschen begegnet, die sich über die Tatsache beklagt haben, dass man sie nicht gefragt hat, als sie in die Welt gesetzt wurden.)

Wer hat entschieden, dass Sie geistlich wiedergeboren werden sollten? Wenn ich nun sage, dass unser Vater im Himmel das beschlossen hat, dann könnten Sie einwenden, das sei nicht fair. Und außerdem ist es doch »offensichtlich«, dass Sie selbst die Entscheidung getroffen haben. Und ich muss dem zustimmen, es *war* Ihre Entscheidung, denn niemand wird gegen seinen Willen wiedergeboren. Jeder, der die Wiedergeburt will, kann sie bekommen.

Doch hören Sie auf die Worte Jesu, die er an Nikodemus gerichtet hat: »*Der Wind weht, wo er will, und du hörst sein Sausen, aber du weißt nicht, woher er kommt und wohin er geht; so ist jeder, der aus dem Geist geboren ist*« (Joh 3,8). Christus stellt eine Verbindung her zwischen der Brise, die er und Nikodemus über dem Dach des Hauses hören, und dem Werk des Heiligen Geistes.

Beachten Sie Folgendes: Im Griechischen ist das Wort für *Wind* genau dasselbe Wort, das in diesem Abschnitt mit Geist übersetzt wird (wir können nur aus dem Zusammenhang erfahren, welches Wort jeweils gemeint ist). Der Wind entzieht sich der Kontrolle des Menschen und ist nicht vorherzusagen, denn er weht vielleicht in einem Landesteil, aber in einem anderen nicht. Der Wind ist auch geheimnisvoll. Die Wettervorhersage kann recht genaue kurzfristige Vorhersagen treffen, doch sie kann nicht die Windgeschwindigkeit in einem Jahr vorhersagen, noch kann sie uns voraussagen, wie viele Wirbelstürme es im nächsten Frühjahr geben wird. Genauso ist das Werk des Geistes nicht von Menschen erklärbar, und der Geist tut, was er will.

Obwohl ich die Worte aus Johannes 1,12-13 schon vor vielen Jahren auswendig gelernt habe, habe ich mir erst vor Kurzem einmal die Zeit genommen, die Bedeutung dieser Verse zu durchdenken. In dem Text heißt es: »*So viele ihn aber aufnahmen, denen gab er das Recht, Kinder Gottes zu werden, denen, die an seinen Namen glauben; die nicht aus Geblüt, noch aus dem Willen des Fleisches, noch aus dem Willen des Mannes, sondern aus Gott geboren sind*« (Joh 1,12-13). Haben Sie bemerkt, wie Johannes die neue Geburt völlig Gott zuschreibt? Er sagt, dass wir »*nicht aus Geblüt*« geboren sind, d. h., wir werden nicht durch unsere menschlichen Vorfahren wiedergeboren. Niemand wird einfach aus dem Grund wiedergeboren, weil seine Eltern Christen waren. Gott hat viele Kinder, aber er hat keine Enkel.

Die Wiedergeburt ist keine Entscheidung, die unsere Eltern für uns treffen können, und wir werden auch nicht dadurch wiedergeboren, dass wir in einer guten Gemeinde oder einer frommen Familie aufwachsen. Wir können uns die Wiedergeburt nicht so von jemandem »einfangen«, wie wir uns einen Virus »einfangen«. Gott muss handeln, oder wir sind verloren.

Johannes fährt fort: Wir werden auch nicht »*aus dem Willen des Fleisches*« geboren, was bedeutet, dass wir nicht diejenigen waren, die zuerst nach Gott gesucht haben. Und schließlich geschah die Wiedergeburt nicht »*aus dem Willen des Mannes, sondern aus Gott.*« Johannes hat hier jede Möglichkeit genommen, die Wiedergeburt irgendwie auf uns selbst, auf unseren familiären Hintergrund oder auch nur auf unsere Entscheidungen zurückzuführen.

Jakobus bestätigt das: »*Nach seinem Willen hat er uns durch das Wort der Wahrheit geboren, damit wir gewissermaßen eine Erstlingsfrucht seiner Geschöpfe seien*« (Jak 1,18). Wir werden wiedergeboren, weil Gott seinen Willen erfüllte und sich dazu entschloss, uns barmherzig zu sein. Was auf den ersten Blick auf die Entscheidung meines Willens zurückgeht, ist in Wirklichkeit das Ergebnis des Willens Gottes!

Ich kann jetzt einen ganzen Chor von Einwänden hören. »Wie meinen Sie das, dass Gott die Entscheidung getroffen hätte? Ich bin doch wiedergeboren worden, weil ich mich dazu entschieden habe. Und was ist mit denen, die nicht von Gott erwählt worden sind?« Hier ist nicht die Stelle, um all diese Fragen zu beantworten. Ich will nur sagen, dass Folgendes geschieht. Gott lässt in unserem Leben Umstände eintreten, vielleicht eine christliche Familie oder christliche Freunde, und wir hören die gute Nachricht, dass Christus gekommen ist, um für uns Sünder zu sterben. Unsere Neugier ist geweckt, ebenso wie unser Gewissen, das uns erkennen lässt, dass wir Sünder sind, die Rettung nötig haben. Wir werden überzeugt, dass unsere Hoffnung, wenn überhaupt, dann nur in Christus liegen kann. Wir erkennen schließlich, dass wir uns entschließen müssen, an den Herrn Jesus zu glauben, der unsere Schuld beglichen hat. In diesem Augenblick vollendet Gott die Wiedergeburt in uns.

Doch vergessen Sie nicht: Der Grund dafür, dass wir uns für Jesus entschieden haben, liegt darin, dass Gott an unseren Herzen gearbeitet hat, um uns an diesen Punkt des Vertrauens zu führen. Die Entscheidung, dass ich leiblich geboren werden sollte, wurde völlig ohne meine Mithilfe getroffen. Die Entscheidung, dass ich in das Reich Gottes hineingeboren werde, wurde zwar mit meinem Einverständnis getroffen, doch der Glaube an sich war von Gott geschenkt. Die Rettung ist allein Gottes Werk.

Zur Zeit des Neuen Testaments gab es eine Frau namens Lydia. Als sie Paulus predigen hörte, »*tat der Herr ... deren Herz auf*« (Apg 16,14). Sie öffnete ihr Herz nicht selbst. Auch Paulus tat es nicht. Gott tat, was nur er tun kann. Er zeigte ihr die Wahrheit und gab ihr die Fähigkeit, an Jesus zu glauben.

Fürchten Sie sich nicht. Die Einladung zum Glauben an Jesus erstreckt sich auf alle. Niemandem, der wiedergeboren werden will, wird dieses Vorrecht verwehrt.

Einige reagieren, andere nicht. Diejenigen, die das Verlangen haben, das Geschenk der Gnade Gottes anzunehmen, tun es, weil dieses Verlangen von Gott in ihre Herzen eingepflanzt worden ist. Doch von Natur aus suchen wir Gott nicht. Gott sucht uns.

Der Weg unseres himmlischen Vaters

Offensichtlich können wir nicht bewirken, dass jemand wiedergeboren wird. Und doch haben in der Kirchengeschichte sehr oft Leute gemeint, sie könnten es. Das ist ein Grund dafür, warum so viele Menschen behaupten, Christen zu sein, aber keinen Beweis dafür erbringen können, dass Gott in ihren Herzen ein Wunder getan hat. Sie nehmen an, dass sie gerettet sind, weil sie eine Urkunde haben, um es zu beweisen.

Nehmen wir einmal die Kindertaufe. Einige Leute sehen sie einfach als eine Form der Darbringung an, ein Zeichen für Gottes Bund in der Gemeinde und ihrer Familie. Aber andere glauben, dass die Taufe die Sünden abwäscht und das Baby zu einem »Kind Gottes« macht. Ich glaube, dass ich sogar schon mal in einer Liturgie den Satz gelesen habe: »Durch das Wasser der Taufe werden wir wiedergeboren.«

Diese Lehre geht davon aus, dass die Wiedergeburt unter der Kontrolle von uns Menschen steht, dass die Entscheidung zur Wiedergeburt von unseren Eltern getroffen werden kann oder sogar von Dienern Gottes. Wir könnten nach dieser Theorie also wiedergeboren werden, ohne unsere Sünden erkannt zu haben oder auf Christus als unseren Stellvertreter zu vertrauen.

Andere meinen, dass sie durch die Erwachsenentaufe oder die Mitgliedschaft in der richtigen Kirche wiedergeboren sind. Sie werden gelehrt, dass Glaube an Christus und ein anderes menschliches Ritual das Wunder vollbringt, das sie brauchen. Erst wenn der Mensch handelt, handelt auch Gott, sagen sie.

Ist es dann ein Wunder, dass es so viele Menschen gibt, die getauft worden sind, aber kein Verlangen haben, gehorsam gegenüber dem Wort Gottes zu leben? Ihnen wird zwar gesagt, sie seien Christen, aber sie fragen sich, warum ihr Leben so langweilig und kraftlos ist. Oder sie arbeiten weiter hart daran, um gerettet zu werden, weil sie glauben, wenn die Taufe nötig sei, dann vielleicht auch noch andere Rituale. Wie Nikodemus können sie sehr religiös sein, aber auch sehr verloren.

Und was sagen wir zu den Menschen, die durch eine »Entscheidung für Jesus« wiedergeboren worden sind, wie es in evangelikalen Kreisen heute so üblich ist? Jedem, der sich bekehren will, wird gesagt, dass er anerkennen muss, ein Sünder zu sein, dass er ein vorformuliertes Gebet sprechen muss, um »Jesus in sein Herz aufzunehmen«, und ein paar Fragen zu beantworten hat. Dann wird ihm gesagt, er wäre jetzt ein Christ. Kein Wunder, dass es so viele Menschen gibt, die sagen, sie würden Christus als ihrem Herrn vertrauen, aber nur *meinen*, dass sie es tun.

Diese Art Lehre ist oft damit verbunden, dass Menschen eingeladen werden, in einer Evangelisation »nach vorne« zu kommen. Man hat den Eindruck, auch wenn es nirgendwo geschrieben steht, dass »zu Jesus kommen« bedeutet, den Gang hinunterzugehen oder eine Karte zu unterschreiben. Obwohl die meisten, die diese Form einsetzen, wissen, dass »zu Jesus kommen« und in einer Versammlung »nach vorne« gehen zweierlei ist, hinterlassen sie doch den Eindruck, dass der erste Schritt für einen Sünder ist, nach vorne zur Kanzel oder zum Altar zu kommen.

Diese Art Einladung ist dann richtig, wenn diejenigen, die nach vorne kommen, ihre Fragen beantwortet bekommen, mit ihnen gebetet oder ein seelsorgerliches Gespräch geführt wird. Doch viele Leute sind schon dadurch fehlgeleitet worden, dass sie »zu Jesus kommen« mit »zu einem Altar gehen« verwechselt haben. Manche meinen, sie wären errettet, weil sie nach vorne gekommen sind und alles getan haben, was man ihnen gesagt hat. Andere sind wieder der Auffassung, dass sie nicht gerettet werden können, weil sie sich nicht getraut haben, nach vorne zu gehen und vor einer Menge Menschen zu stehen.

Das Küken aus dem Ei holen zu wollen, kann gefährlich sein. Obwohl der Glaube so wichtig ist, dürfen wir keinen Druck auf Menschen ausüben, sich zu bekehren, ehe sie nicht wirklich bereit dazu sind. Wir müssen das Evangelium verkünden und Gott die Aufgabe überlassen, die wir nicht tun können. Luther hat (vielleicht mit ein wenig Übertreibung) gesagt, dass wir erst in die Hölle hinabsteigen müssen, ehe wir zum Himmel hinaufsteigen können. Das war seine Art auszudrücken, dass wir andere Menschen nicht »retten« sollten, ehe sie nicht »verloren« waren.

Lassen Sie uns nie vergessen, dass Sünder sich niemals selbst retten oder die Wiedergeburt bewirken können. Lassen sie uns auch daran denken, dass ein Sünder das richtige Gebet nachsprechen, die richtige Karte unterschreiben, Fragen richtig beantworten und nach vorne kommen kann, ohne wirklich zu glauben. Um errettet zu werden, muss man sein Vertrauen ausschließlich auf Jesus setzen und ihn als den Träger seiner Sünden annehmen. Nur solcher Glaube ist ein Beweis dafür, dass jemand von Gott errettet ist.

Der große Prediger Charles Haddon Spurgeon hat sich nicht nur geweigert, Menschen »nach vorne« zu rufen, sondern hat Menschen sogar abgeraten, in einen Seelsorgeraum zu gehen. Er befürchtete, dass sie irrtümlich glauben könnten, dass ihre Bekehrung schon stattgefunden hätte. Er drängte sie: »Gehen Sie gleich zu Gott, hier wo Sie stehen. Werfen Sie sich vor Christus nieder, ehe Sie sich einen Zentimeter bewegen!«

Es ist besser, wenn Menschen aufgefordert werden, Gott selbst zu suchen, an die Verheißungen zu glauben und Gott zu bitten, dass er bestätigt, dass sie ihr Vertrauen auf Christus gesetzt haben. Es ist besser, wenn der Zweifel (den wir in einem späteren Kapitel behandeln) in ihnen sein Werk tut.

Jetzt werden Sie sich vielleicht fragen, warum wir dann noch das Evangelium von Christus anderen Menschen bezeugen sollen, wenn die Errettung in Gottes und nicht in unserer Hand liegt. Welche Rolle, wenn überhaupt, spielen wir dabei, Menschen zum Glauben zu führen?

Der Prophet Hesekiel stand in einem Tal voll trockener Knochen, die den geistlichen Tod des Volkes Israel darstellten. Die Ärzte in Israel hätten die Knochen sicherlich klassifizieren können, aber sie konnten ihnen kein Leben geben. Die Herrscher in Israel hätten vielleicht die Knochen bewegen können, doch sie hätten nur tote Teile von einem Teil des Tales zu einem anderen bewegt.

Es *gab* allerdings etwas, das der Prophet tun konnte. Er konnte den Knochen predigen und Gott vertrauen, dass er das tun würde, was nur Gott kann, nämlich ihnen das Wunder neuen Lebens zu schenken. Deshalb predigte er: »*Ihr vertrockneten Gebeine, hört das Wort des HERRN*« (Hes 37,4). Innerhalb kurzer Zeit hörte er ein Rasseln, und die Knochen rückten zueinander, ein Knochen zum anderen. Dann wuchs Fleisch um die Knochen herum. Als die Leiber fertig waren, betete er, und daraufhin wurde den Leichnamen neues Leben eingehaucht. Sie standen auf ihren Füßen und bildeten eine großartige Armee.

Auf dieselbe Weise haben wir die Verantwortung, die gute Nachricht des Evangeliums anderen mitzuteilen. Wir sollen beten, diskutieren und weitersagen. Doch wir wissen ganz genau, dass wir selbst das Leben nicht geben können. Wir vertrauen auf Gott, dass er das tut, was er allein tun kann. Und wir wissen auch, dass es niemand tun kann, wenn Gott es nicht tut.

Die Wiedergeburt geschieht augenblicklich. Sie findet zu einem bestimmten Zeitpunkt statt. Obwohl viele Ereignisse zu ihr hinführen, so geht sie doch, wenn sie geschieht, plötzlich und vollständig vor sich. Wir sind »*aus dem Tod in das Leben*« übergegangen (Joh 5,24). Die Wiedergeburt ist übernatürlich, plötzlich, unsichtbar und ewig. Wir werden »*errettet aus der Macht der Finsternis und versetzt in das Reich des Sohnes seiner Liebe*« (Kol 1,13). Die Wiedergeburt kann niemals wiederholt werden. Die mittelalterliche Theologie lehrte, dass die Bekehrung ein langwieriger Prozess sei, ein endloser, oftmals qualvoller Vorgang. Der Weg zur Vollkommenheit war lang und mit vielen Möglichkeiten zum Scheitern gepflastert.

Das stimmt jedoch nicht. Ein gesundes Kind wird vollständig geboren, alles ist am rechten Platz. Das Kind hat zehn Zehen, zehn Finger und sogar winzige Fingernägel. Die Ohren sind vollkommen, ein Zeugnis für Gottes Schöpfermacht. Auf dieselbe Art ist alles am rechten Platz, wenn wir geistlich geboren werden: Wir sind Gottes Kinder und haben an seinem göttlichen Wesen Anteil. »*Und*«, sagt Paulus, »*ihr seid in ihm zur Fülle gebracht*« (Kol 2,10). Nun ist es unsere Aufgabe zu wachsen. Das tun Babies schließlich auch.

Die trockenen Knochen werden in *einem* Augenblick auferweckt, doch ihr Dienst für Gott erstreckt sich viel länger. Ein altes, und doch wahres Sprichwort sagt:»Ich bin errettet worden, ich werde ständig errettet und eines Tages werde ich vollkommen errettet sein.« Obwohl wir in *einem* Augenblick vom Tod ins Leben erweckt werden und deshalb gerettet sind, sobald wir an Christus glauben, werden wir auch trotzdem weiter errettet, und zwar in dem Sinne, dass Gott das Werk weiterführt, das er in unseren Herzen begonnen hat. Und wir werden natürlich in Zukunft, wenn wir in den Himmel kommen, vollkommen erlöst sein von der Gegenwart der Sünde.

Nur Jesus konnte Lazarus auferwecken, doch als dieser wieder aus dem Grab herausgekommen war, konnte er Gott dienen. Genauso müssen wir, wenn wir wiedergeboren worden sind, in unserem Glauben wachsen, nicht um in den Himmel zu kommen, sondern um auf dieser Erde dem Herrn Jesus bereitwillig und von Herzen zu dienen.

Wir können nicht selbst unsere blinden Augen nehmen und sie sehend machen. Wir können unserem toten Wesen kein Leben einhauchen, wir können nicht unsere tauben Ohren wieder hörend machen. Dennoch wird uns befohlen, zu glauben und Buße zu tun, damit wir errettet werden. Wenn wir das tun, wissen wir, dass es ein Wunder Gottes ist. Und, wie Hesekiel gelernt hat, wenn wir die Botschaft des Lebens weitersagen, dann steht alles andere in Gottes Hand.

Der rettende Blick

Wenn Sie die Vollmacht Gottes über das Wunder der Wiedergeburt erschüttert hat, können Sie im Folgenden Trost finden: Sie können feststellen, ob Sie zu denen gehören, die die Vorteile seines Gnadenwerkes empfangen. Sie brauchen nur einfach Christus allein zu vertrauen, und das bestätigt Gottes Werk in Ihrem Herzen.

Jesus erinnerte Nikodemus an die alttestamentliche Geschichte, wie Mose eine Bronzeschlange an einem Pfahl befestigte und er diejenigen, die sich eine tödliche Krankheit zugezogen hatten, aufforderte, diese Schlange anzuschauen. Jeder, der der Aufforderung im Glauben Folge leistete, wurde geheilt. Hier sind nun Jesu eigene Worte zu diesem Thema:

»Und wie Mose in der Wüste die Schlange erhöhte, so muss der Sohn des Menschen erhöht werden, damit jeder, der an ihn glaubt, ewiges Leben habe. Denn so hat Gott die Welt geliebt, dass er seinen eingeborenen Sohn gab, damit jeder, der an ihn glaubt, nicht verloren gehe, sondern ewiges Leben habe« (Joh 3,14-16).

Stellen wir uns einmal vor, was an diesem Tag in der Wüste geschah: Viele Menschen beklagten sich, dass diese Aufforderung unsinnig sei. Wie konnte das einfache Anschauen einer Schlange (oder irgendeines anderen Objekts), die noch nicht einmal die Kranken berührte, ihre Krankheit heilen?

Eine gute Frage, doch die Tatsache bleibt, dass Gott sich entschlossen hatte, ein Wunder zu tun. Er hatte beschlossen, an denjenigen zu handeln, die den Glauben hatten, dem Befehl des Mose zu gehorchen. Genauso schauen wir auf Christus, der die Krankheit namens Sünde heilen kann. Wir können nicht verstehen, wie jemand, der vor zweitausend Jahren gestorben und auferstanden ist, ein Wunder in unserem Herzen vollbringen kann. Doch Gott sagt, dass wir leben werden, wenn wir hinschauen.

Dieser Blick ist die demütige Erkenntnis, dass wir Sünder sind, und die Entscheidung, das Werk des Herrn Jesus in Anspruch zu nehmen. Dieser Blick umschließt das Wunder der Liebe Gottes zu uns und lädt Gott ein, uns für gerechtfertigt zu erklären und uns für immer zu seinem Kind zu machen. Dieser Glaube ist die Eintrittskarte zu dem schmalen Pfad, der zum Leben führt.

Bei einigen führt dieser Blick dazu, dass sie sofort Frieden und Freiheit von Schuld erfahren. Bei anderen handelt es sich um eine ruhige Bewegung, die kaum von Gefühlen oder emotionalen Umbrüchen begleitet ist. Aber bei allen handelt es sich um den Anfang einer neuen Beziehung zu Gott. Die abgebrochene Funkverbindung ist wiederhergestellt. Endlich haben wir Gott kennengelernt.

Das war nicht die letzte Begegnung, die Nikodemus mit Jesus hatte. Nachdem Jesus am Kreuz gestorben war, musste sein Leib begraben werden, und deshalb kam Joseph von Arimathäa, um seinen Leib vom Kreuz abzunehmen. *»Es kam aber auch Nikodemus, der zuerst bei Nacht zu Jesus gekommen war, und brachte eine Mischung von Myrrhe und Aloe, ungefähr hundert Pfund. Sie nahmen*

nun den Leib Jesu und wickelten ihn in Leinentücher mit den wohlrie-
chenden Ölen, wie es bei den Juden zu bestatten Sitte ist« (Joh
19,39-40). Das war ein mutiger Schritt für einen Mann, der ein füh-
render jüdischer Geistlicher war. Jesus hätte eigentlich sein Feind
sein sollen, doch Nikodemus sorgte für seinen Leib wie für den eines
Freundes.

Wir können ziemlich sicher sein, dass nur jemand, der die Wiedergeburt erlebt hat, den Mut haben konnte, sich zu den Jüngern
Jesu zählen zu lassen, denn er riskierte den Ausschluss aus der jüdischen Gemeinschaft und sogar den Tod. Nikodemus war von einer
Meinung zu einer *Überzeugung* gekommen, vom Tod zum Leben.
Zuerst kam er im Schutz der Nacht zu Jesus, doch jetzt bekannte er
sich im hellen Tageslicht zu Christus.

Kann Religion langweilig sein? Ja, solange Gott weit entfernt ist
von unserem Leben und wir ihn nicht erfahren. Als Nikodemus noch
allein von Zeremonien und Ritualen lebte, da war seine Religion
nichts als eine leere Hülse. Aber als er zum Glauben an Christus kam,
bekam er ein erfülltes Leben. Natürlich können wir immer noch in
langweilige Gewohnheiten verfallen, auch wenn wir wiedergeboren
sind. Doch jetzt haben wir einen Grund, begeistert zu sein. Das Leben
hat eine neue Bedeutung. Sogar »fromme« Menschen müssen wiedergeboren werden.

Und nun frage ich Sie persönlich: Sind Sie, mein Freund, wiederge-
boren? Gerade, als Sie dieses Kapitel gelesen haben, könnte Gott
Ihnen das »Herz geöffnet« haben. Wenn das der Fall ist, dann lassen
Sie ihn zu Ende führen, was er begonnen hat. Beten Sie jetzt zu Gott.
Nehmen Sie Christus als den Einen an, der für Sie gestorben ist.
Glauben Sie und lassen Sie sich retten.

Nikodemus hatte ein Wunder nötig. Wir auch.

Kapitel 5
Fest in Gottes Hand

»Also *das* glauben Sie!«

Der Mann spie mir die Worte förmlich ins Gesicht, wie ein Schachspieler, der gerade seine Königin bewegt und »schachmatt« verkündigt.

»Wenn Sie *das* glauben«, fuhr er fort, »dann kann ich doch Gottes Gnade ein für alle Mal annehmen und dann wie ein Teufel leben und doch in den Himmel kommen!« Das hörte sich wie ein Geschäft an – zu gut, um wahr zu sein. Die Vorstellung, einen Platz im Himmel gebucht zu haben, ohne dass das rückgängig gemacht werden kann, ganz gleichgültig, was für ein Leben man führt, erschien ihm wirklich attraktiv. Stimmt es also, dass man die Erlösung einmal empfängt und nie mehr verliert?

Fragen wir Ted Turner, den Besitzer des amerikanischen Nachrichtendienstes CNN.

»Ich bin sieben oder acht Mal errettet worden, doch als ich meinen Glauben verlor, habe ich mich nur besser gefühlt«, sagte Turner, als er vor einer Gruppe Humanisten sprach. Er war, wie er sagte, in einer extrem frommen Umgebung aufgewachsen, wobei er sechs Jahre auf eine christliche Mittelschule ging, in der er biblische Lehre erhielt und in der ein täglicher Gottesdienst und regelmäßige Begegnungen mit Evangelisten dazugehörten.

Er fuhr fort: »Zu dieser Zeit gab es keine anderen Einflüsse auf mein Leben, und so, wie uns alles eingetrichtert wurde, denke ich, dass ich mehr als einmal erlöst wurde.« Er sagte, er habe sogar den Missionsdienst erwogen, doch als seine kleine Schwester krank wurde, »da betete ich, und natürlich geschah gar nichts.« Als sie starb, sagte Turner, konnte er nicht verstehen, warum dieser liebende Gott, von dem er gehört hatte, erlauben sollte, dass eine Unschuldige litt.

Turner war noch nicht fertig.

»Ich dachte darüber nach und sagte mir, dass ich nicht sicher sei, ob ich damit auch nur irgend etwas zu tun haben wollte. Wenn Gott Liebe ist und allmächtig dazu, warum lässt er all das geschehen? Diese Deutung, dass es einfach Gottes Wille sei, ... nun, dafür kann ich mich nicht begeistern. Ich fing an, meinen Glauben zu verlieren, und je mehr ich ihn verlor, desto besser fühlte ich mich.«

Hier haben Sie es also: Hier ist jemand, der »sieben- oder acht Mal« errettet worden ist, doch keiner kann ihm unterstellen, er sei heute noch ein Gläubiger. Er steht für viele andere, die offensichtlich irgendwann einmal »wiedergeboren« worden sind, doch auf dem Weg den Glauben verloren haben.

Die Frage, ob ein wiedergeborener Gläubiger seinen Glauben verlieren und für immer in der Hölle verloren gehen kann, ist in der Kirchengeschichte sehr kontrovers diskutiert worden. Ich kann mich nicht rühmen, einige hundert Jahre an Disputationen in einem einzigen Kapitel auflösen zu können. Doch ich kann Ihnen Gründe nennen, warum einige von uns der Meinung sind, dass die Bibel zu diesem Thema eindeutige Aussagen macht. Und vielleicht habe ich sogar eine Erklärung für die Ted Turners dieser Welt.

Natürlich weiß ich, dass einige Menschen der Ansicht sind, dass wir nur so lange gerettet sind, wie wir »im Glauben« bleiben. Oftmals ist diese Ansicht mit der bedrückenden Vorstellung verbunden, dass Gott das Erlösungswerk für uns ungeschehen macht, wenn wir mit Sünden sterben, die wir noch nicht bekannt haben. Unsere Rechtfertigung ist dahin, die neue Geburt ist ungültig.

Ich saß in einem Flugzeug neben einem Mann, der diese Lehre als Kind vermittelt bekommen hatte. Er hatte Angst, irgendeine Sünde begangen zu haben, die er noch nicht bekannt hatte. Wenn er nun während der Nacht sterben würde, dann wäre er verurteilt. Als er ein Teenager war, erkannte er, dass er »niemals errettet bleiben« könne. So beschloss er, die Glaubensentscheidung auf ein zukünftiges Datum zu verschieben – etwa kurz vor seinem Tode. »Ich habe Heimaturlaub vom christlichen Leben genommen«, sagte er mir.

Harry Ironside, lange Jahre Pastor der *Moody-Church* in Chicago, erzählte, er habe einmal einen Mann getroffen, der behauptet habe, er sei neunundneunzigmal errettet worden. (Wenn er wirklich geglaubt hat, er habe seine Errettung bei jeder Sünde verloren, so glaube ich, dass die Zahl noch viel höher gewesen sein muss!)

Eine Frau, die mit dieser verwirrenden Theologie groß geworden ist, erzählte, dass in ihrer Gemeinde der Dorfsäufer jeden Sonntagmorgen errettet wurde und jeden Sonntagabend wieder betrunken war. Eines Tages sagte der Pastor zu ihm: »Nächsten Sonntag sollten wir dich erschießen, sobald du wieder errettet bist!«

Er witzelte natürlich nur, aber Sie verstehen, worum es hier geht. Wenn Sie glauben, dass man seine Rettung verliert, sobald man in eine Sünde fällt, dann wäre jeder besser dran, wenn man ihn erschießen würde, sobald er errettet ist. Besser das, als morgen unerlöst zu sterben.

Andere sagen, dass wir unsere Errettung nur dann verlieren, wenn wir ganz bewusst sündigen und uns nicht mehr im »Zustand der Gnade« befinden. Das kann durch einen moralischen Fehltritt passieren oder dadurch, dass man sich von der Bibel einer schlimmen Irrlehre zuwendet. Wenn Sie von dieser Lehre überzeugt sind, dann sind alle, die Selbstmord begehen, in der Hölle verloren. Jedenfalls wird argumentiert, wir könnten heute nicht völlig sicher sein, dass wir morgen noch errettet sind.

Ich kenne sogar einige Leute, die behaupten, dass wir niemals andere mit dem Gedanken trösten dürfen, dass man sich des Himmels sicher sein kann, weil sie dann mit ihrem Zustand zufrieden sein könnten und »wie der Teufel« sündigen würden. Sie fürchten, dass Leute eine Fahrkarte für den Himmel bekommen und dann sorglos leben, wie es ihnen passt. Und wir sind alle schon Menschen begegnet, die genau das tun.

Doch ist das ein Grund, die Lehre zu verwerfen, die wir in der Bibel finden? Und darüber hinaus möchte ich zeigen, dass unsere Sicherheit ein Anreiz sein kann, ein hingegebenes christliches Leben zu führen.

Heute gerettet, für immer gerettet

Sie haben sicher schon erraten, dass ich nicht nur behaupte, dass Gott die Initiative ergreift, um uns zu retten, sondern auch, dass er sich darüber hinaus denen verpflichtet, die er rettet – und zwar bis zu ihrem Ende. Er wird alle seine Kinder zu sich in den Himmel holen.

Die Bibel ist ein Buch, das in sich stimmig ist und sich nicht selbst widerspricht. Ich bin der Überzeugung, dass sie ausdrücklich und wiederholt aussagt, dass ein echter Gläubiger niemals verloren geht. Das Werk Gottes am Herzen eines Menschen ist wunderbar und unwiderruflich. Die Errettung ist, wie wir gesehen haben, Gottes vollmächtiges Werk. Unsere Entscheidung, Jesus anzunehmen, hat ihre Ursache in seinen Plänen und Vorhaben.

Wenn der Heilige Geist kommt, um in unserem Herzen zu wohnen, dann sind wir »*versiegelt worden ... auf den Tag der Erlösung hin*« (Eph 4,30). Wir sind wie ein Brief, der auf der Erde aufgegeben worden ist und garantiert im Himmel ankommt. Gott ist sowohl der Absender als auch der Empfänger. Wir können sagen, dass er uns hier auf der Erde versiegelt, und trotz der Turbulenzen auf der Reise kann niemand das Siegel öffnen, ehe wir nicht sicher angekommen sind. Und Gott wird da sein, um genau dies zu tun.

Lassen Sie uns mitten hineinspringen und einen Abschnitt der Bibel sorgfältig betrachten, der ein recht vollständiges Bild von Gottes Zielen bietet. Sie mögen erstaunt sein, wie aufmerksam Gott sich denen widmet, die Mitglieder seiner Familie geworden sind.

Bleiben Sie aufmerksam dabei, und wir werden schnell einige interessante theologische Ideen durchgehen, die beweisen, dass Gott seine Kinder niemals enterben wird. Sie werden niemals bei einer Unterhaltsklage verlieren, denn sie sind von Gottes Sohn erkauft worden, und er hat sich verpflichtet, sie auch dann bei sich zu behalten, wenn sie sich danebenbenehmen.

Fünf unzerreißbare Verbindungen

Sie haben sicherlich schon einmal gesehen, wie ein Haus gebaut wird: Planken, Ziegelsteine und Stahlträger liegen neben der schon ausgehobenen Grube. Jeden Tag setzen die Arbeiter die Materialien zusammen. Nach und nach entsteht aus den unverbundenen und willkürlich herumliegenden Materialien ein Haus.

Wie geht eine solche Veränderung vor sich? Indem man einer Bauzeichnung folgt. Schon ehe die Arbeit auf der Baustelle angefangen hat, hat ein Architekt – oder sogar mehrere – unzählige Stunden damit verbracht, Pläne zu zeichnen, in denen alles vom Dachfirst bis zu den Steckdosen eingezeichnet ist.

Wenn Menschen schlau genug sind einzusehen, dass ein Haus nicht ohne einen Plan gebaut werden kann – indem wir jeden Stein und jedes Fenster so auswählen, dass es der Bauzeichnung entspricht –, dann können wir genauso gut einsehen, dass Gott uns nicht ohne einen besonderen Plan im Kopf erschaffen hat. Wir sind zu einem Zweck erwählt und entworfen worden.

Gott hat unsere Ankunft auf dem Planeten Erde schon lange geplant, bevor wir auf der Bühne erschienen. In der Bibel wird der Vorhang ein wenig weggezogen, und wir dürfen einen kleinen Einblick in die Pläne und Vorhaben des allmächtigen Gottes nehmen. Dort erfahren wir, dass wir nicht einfach nur ein Zufallsprodukt sind. In Römer 8,29-30 benutzt der Apostel Paulus fünf verschiedene Verben, um Gottes große Taten für uns zu beschreiben. Lesen Sie den Abschnitt. Wenn Ihnen einige Ausdrücke unbekannt vorkommen, so lassen Sie sich nicht entmutigen, denn wir werden sie gleich erklären.

»Denn die er vorher erkannt hat, die hat er auch vorherbestimmt, dem Bilde seines Sohnes gleichförmig zu sein, damit er der Erstgeborene sei unter vielen Brüdern. Die er aber vorherbestimmt hat, diese hat er auch berufen; und die er berufen hat, diese hat er auch gerechtfertigt; die er aber gerechtfertigt hat, diese hat er auch verherrlicht« (Röm 8,29-30).

Sie haben soeben einen Abschnitt gelesen, der fünf Verben enthält, die Glieder einer unzerstörbaren Kette sind. Gott beginnt, sagt Paulus, mit denen, *»die er vorher erkannt hat«*, und hört mit denen auf, die er *»verherrlicht ... hat«*. Es gibt keine geheimen Falltüren, und es besteht nicht die Möglichkeit, dass eines von Gottes Kindern durch dieses Netz hindurchfällt. Alle gehören zu ihm am Anfang, und sie gehören ihm auch noch in der Ewigkeit.

»Die er vorher erkannt hat«

Das bedeutet noch viel mehr als die Tatsache, dass Gott uns schon vor der Zeit kannte. Es bedeutet, dass er uns »vorher geliebt« hat. Schon lange, ehe wir auf dem Planeten Erde ankamen, hat er uns erwählt, ihm zu gehören. Wir sind zu dem Zeitpunkt schon in seinen Augen wertvoll gewesen.

Das Alte Testament benutzt das Wort »erkennen« in derselben Bedeutung. Die *Elberfelder Übersetzung* schreibt in Amos 3,2: »*Nur euch habe ich von allen Geschlechtern der Erde erkannt.*« Interessanterweise übersetzt die *Zürcher Übersetzung* den Satz so: »Euch allein habe ich erwählt von allen Geschlechtern der Erde.« Und das ist natürlich auch die Bedeutung, die dahinter steht. Die beste Übersetzung besteht darin zu sagen, dass diejenigen, die »vorher erkannt« sind, diejenigen sind, auf die Gott vorher seine »Liebe gerichtet« hat.

Wenn Sie ein wiedergeborener Christ sind, dann sollten Sie genau an dieser Stelle eine Pause einlegen und Gott danken, dass Sie ihm so wichtig sind!

»Die hat er auch vorherbestimmt«

Das Wort *vorherbestimmt* bedeutet, dass jemandem schon lange vor der Zeit eine Bestimmung zugewiesen wird. Dieses Wort wurde früher von Landvermessern benutzt, die schon lange vor dem Eintreffen der späteren Bewohner Straßen und Häuser eines Ortes festlegten. Auf dieselbe Weise hat Gott schon vor der Zeit bestimmt, dass wir »*dem Bilde seines Sohnes gleichförmig*« werden sollten. Sein Plan wird durchgeführt werden, denn Gott freut sich, seinen Sohn dadurch zu ehren, dass er ihm »Brüder« gibt. Natürlich werden wir nie vollständig wie Jesus sein, aber wir werden »*ihm gleich sein ..., denn wir werden ihn sehen, wie er ist*« (1Jo 3,2).

»Die hat er auch berufen«

Das dritte Verb lautet *berufen*. Wenn wir *berufen* werden, dann zeigt uns der Heilige Geist, dass wir Sünder sind, und wir reagieren positiv auf das Evangelium von Christus. Diese besondere Berufung ist wirksam, d. h., sie erreicht ihr Ziel. Der Heilige Geist erleuchtet unseren Verstand, öffnet unsere Herzen, macht uns darauf aufmerksam, was wir brauchen, und gibt uns die Fähigkeit, an Jesus zu glauben.

Wenn wir unser Vertrauen auf Christus setzen, dann denken wir, dass wir allein diese Entscheidung getroffen haben und dass unser Schicksal in unserer Hand steht. Doch wie wir schon gesehen haben, müssen wir unsere Entscheidung auf den sicheren und unergründlichen Plan unseres himmlischen Vaters zurückführen.

»Diese hat er auch gerechtfertigt«

Weil wir die Rechtfertigung schon in einem früheren Kapitel besprochen haben, brauche ich hier nur darauf hinzuweisen, dass dies mehr bedeutet, als dass nur unsere Sünden vergeben worden sind. Rechtfertigung bedeutet, dass ich persönlich für so gerecht erklärt worden bin, wie Christus selbst es ist, und mir dies für alle Ewigkeit erhalten bleibt.

»Diese hat er auch verherrlicht«

Schließlich kommen wir zu dem Wort *verherrlicht*. Schauen Sie einmal in den Spiegel, und ich glaube, wir sind uns einig, dass keiner von uns im Hier und Jetzt besonders »verherrlicht« aussieht. »Verherrlichung«, das heißt, dass wir unseren neuen Leib und ein sündloses Wesen empfangen, und das scheint so weit entfernt zu sein, dass wir uns fragen, was das alles beinhaltet. Heute sind wir nicht verherrlicht, und jeder um uns herum weiß das. Und doch ist dies das Ziel, auf das wir uns zubewegen.

Die ersten beiden Glieder dieser Kette beginnen in der ewigen Vergangenheit, das dritte findet auf der Erde statt, und die beiden letzten beenden die Kette im Himmel. Man beachte, dass Gott bei allen diesen Verben das Subjekt ist, das heißt, dass er allein handelt. Wir sind die Objekte, wir empfangen nur. An uns wird durch Gottes vorhersehende Hand gehandelt; und was er anfängt, das führt er auch zu Ende.

Und noch viel mehr: Jedes dieser Verben steht in der Vergangenheit! Sogar das Wort *verherrlicht* wird hier als etwas angesehen, was Gott schon getan hat. Gott schreibt die Zukunft, als wäre sie schon Geschichte. Von seinem Standpunkt aus betrachtet, sind wir schon im Himmel. Jemand hat einmal gesagt, das sei eine »kühne Vorwegnahme«. Was für eine phantastische Garantie!

Diejenigen, die »*er vorher erkannt hat*«, und zwar in der vergangenen Ewigkeit, sind dieselben, die am Ende verherrlicht werden. Weder Satan noch sie selbst können Gott dazu bringen, dass er seine Liebe und Treue von ihnen abwendet. Er wird sie dorthin bringen, wo sie nach seinen Worten längst sind!

Christus unser Anwalt

Wenn Sie von dem Versuch ganz außer Atem geraten sind zu verstehen, wie viel Aufmerksamkeit Gott uns schenkt – es ist noch nicht zu Ende. Paulus scheint hier Schwierigkeiten beim Weiterschreiben zu haben. Nachdem er die »fünf Glieder« genannt hat, schreibt er: »*Was sollen wir nun hierzu sagen? Wenn Gott für uns ist, wer gegen uns?*« (Röm 8,31). Obwohl er erst überlegen muss, wie er sich ausdrücken soll, macht er an diesem Punkt nicht Schluss. Unter der Führung des Heiligen Geistes fährt er fort, uns der Treue Gottes gegenüber seinem Volk zu versichern.

Er stellt sich eine Szene bei Gericht vor. »*Wer wird gegen Gottes Auserwählte Anklage erheben? Gott ist es, der rechtfertigt. Wer ist, der verdamme? Christus Jesus ist es, der gestorben, ja noch mehr, der auferweckt, der auch zur Rechten Gottes ist, der sich auch für uns verwendet*« (V. 33-34).

Dabei geht es nicht um einen normalen Gerichtssaal, auch nicht um den Bundesgerichtshof. Es geht um den höchsten Gerichtshof des Universums. Gott untersucht die Fälle, und wenn wir unsere Vorstellung ein wenig bemühen, dann können wir das Geschehen verfolgen.

Stellen Sie sich vor, Sie seien der Angeklagte. Sie sitzen am Ende eines langen Tisches. Satan, der Ankläger, der alle Ihre Sünden genau kennt, sitzt am anderen Ende. Zwischen Ihnen beiden sitzt Ihr Anwalt, Christus, der Ihren Fall verteidigen will. Gegenüber dem Tisch auf einem erhöhten Thron sitzt der Richter über die ganze Erde, der allmächtige Gott.

Satan hält sein Plädoyer. Er führt (jede Menge) Gründe an, warum Sie nicht in den Himmel kommen dürfen. Was das Ganze noch peinlicher macht ist die Tatsache, dass er nicht nur einige bekannte Sünden erwähnt, sondern auch einige schlimme Geheimnisse, von denen Sie dachten, dass sie gut verborgen seien. Ob Sie es wollen oder nicht, Ihre schmutzige Wäsche wird vor dem Gericht ausgebreitet. Zu Ihrer Schande kommt hinzu, dass alles, was erwähnt wird, der Wahrheit entspricht. Sie können die Einzelheiten nicht von Ihrem Standpunkt aus erläutern, weil Sie sich in der Gegenwart Gottes befinden, der alles weiß, ob es nun geschehen könnte oder sogar geschehen ist. Sie sind schon beschämt, aber es kommt noch schlimmer.

Satan ruft Ihnen laut das geforderte Urteil entgegen: »Dieser Mensch kann nicht Mitglied in Gottes Familie sein. Er muss für immer von Gott getrennt leben.« In seinem abschließenden Plädoyer sagt er, dass er noch mehr Anklagepunkte habe, falls der Richter seiner Strafforderung nicht zustimme. Es gibt einen Ordner voller Sünden, die noch nicht erwähnt worden sind. Ja, es gibt sogar noch einen Möbelwagen voller Sünden, der vor der Tür geparkt ist.

Welche Möglichkeiten bleiben Ihnen noch? Sie können die Anklagen nicht zurückweisen. Gott weiß es besser, genau wie Sie selbst. Es nützt auch nichts, sich mit anderen zu vergleichen, zu sagen, dass Sie nicht so schlimm sind wie der Sünder, der neben Ihnen wohnt. Sie allein stehen vor Gericht – ein einsames menschliches Wesen vor dem Gerichtshof des Universums.

Was Ihnen einst wie ein kleiner Sündenfleck vorkam, der leicht wegzuargumentieren war, erscheint Ihnen jetzt wie ein Berg. Die Entschuldigungen, die Sie vorbringen wollten, verdunsten wie Tau in der Morgensonne.

Ihre beste Möglichkeit, oder besser, Ihre *einzige* Möglichkeit besteht darin, sich an Ihren Anwalt zu wenden. Lassen Sie Christus sich um die Anklagen kümmern. Sagen Sie ihm:»Übernimm bitte den Fall, ich kann hier nichts tun.«

Christus wird der Anklage zustimmen, doch er weist darauf hin, dass sein Tod diese Schuld schon beglichen hat. Er verkündet dies so laut, dass auch Satan es mit Schaudern deutlich hören muss, nämlich dass dieser Sünder, um den es hier geht, für so gerecht erklärt worden ist wie Gott selbst. Und der Richter hat schon zugestimmt, die Bedingungen des Freispruchs zu akzeptieren.

Wer würde es wagen, den Richter zu verklagen? Wer würde es wagen, Sie als Sünder zu bezeichnen, wenn es Gott gefallen hat, Sie einen Heiligen zu nennen? Deshalb sagt Paulus:»*Wer wird gegen Gottes Auserwählte Anklage erheben? Gott ist es, der rechtfertigt. Wer ist, der verdamme? Christus Jesus ist es, der gestorben, ja noch mehr, der auferweckt, der auch zur Rechten Gottes ist, der sich auch für uns verwendet*« (Röm 8,33-34).

Die Gegenwart Jesu im Himmel garantiert, dass alle, die ihm gehören, nicht unter das Gericht Gottes fallen. Es gibt keine Gesetzeslücken, durch die es Gott möglich wäre, sein Versprechen zu umgehen, diejenigen zu erretten, die an seinen geliebten Sohn geglaubt haben. Er kann es nicht, und er will es auch gar nicht.

Gerade wenn Sie dieses Buch lesen, wenn Sie an Jesus glauben, dann haben Sie schon ihren Wohnsitz im Himmel eingenommen. Wir sind»*in Christus*«, und Christus sitzt zur Rechten Gottes des Vaters. Wir können nicht aus dem Himmel hinausgeworfen werden, es sei denn, dass Christus selbst hinausgeworfen würde. Wenn wir wirklich glauben (und was das bedeutet, werden wir im nächsten Kapitel besprechen), dann können wir sicher sein, dass wir die Ewigkeit bei Gott verbringen werden.

Aber könnte nicht irgendetwas passieren, was uns von Jesus trennt? Für uns Skeptiker führt Paulus nun all das an, das einen Keil zwischen uns und Gott treiben will. Gerade dann, wenn wir von Sünde befreit sind, wird Satan uns dazu bringen wollen, an Gottes Liebe zu zweifeln. Oder es mag einen Todesfall in unserer Familie geben, und die erste Frage, die uns kommt, lautet: *Wenn Gott uns liebt, warum das?* Es gibt Zeiten, in denen wir wenig haben und in denen wir vielleicht sogar wegen unseres Glaubens an Christus verfolgt werden. Und wenn die Wirtschaft wieder einmal kriselt, und wir alles verlieren, für das wir gearbeitet haben, dann schlussfolgern wir leicht, dass Gott letztlich doch nicht für uns sorgt.

Hören wir, wie Paulus diese Themen aufgreift und darauf antwortet:

»Wer wird uns scheiden von der Liebe Christi? Drangsal oder Angst oder Verfolgung oder Hungersnot oder Blöße oder Gefahr oder Schwert? Wie geschrieben steht: Um deinetwillen werden wir getötet den ganzen Tag; wie Schlachtschafe sind wir gerechnet worden. Aber in diesem allen sind wir mehr als Überwinder durch den, der uns geliebt hat. Denn ich bin überzeugt, dass weder Tod noch Leben, weder Engel noch Gewalten, weder Gegenwärtiges noch Zukünftiges, noch Mächte, weder Höhe noch Tiefe, noch irgendein anderes Geschöpf uns wird scheiden können von der Liebe Gottes, die in Christus Jesus ist, unserem Herrn« (Röm 8,35-39).

Was kann uns von der Liebe Christi trennen? Der Tod kann es nicht, das Leben mit all seinen Schwierigkeiten auch nicht, Engel können es nicht, Satan kann es nicht, gegenwärtige Katastrophen können es genauso wenig wie zukünftige, politische Machthaber können es nicht, und auch nichts, was in dieser Liste vielleicht noch übersehen worden ist!

Jesus unser Hirte

Als Paulus schrieb: »*Wie geschrieben steht: Um deinetwillen werden wir getötet den ganzen Tag; wie Schlachtschafe sind wir gerechnet worden*« (V. 36), zitierte er Psalm 44,23. Obwohl Gottes Volk oftmals misshandelt, beschimpft und missverstanden wird, verlässt sein Hirte es doch nicht. Sogar, wenn die Schafe geschlachtet werden, bewahrt dieser Hirte sie bis in die Ewigkeit.

Paulus geht es hier natürlich darum, dass trotz der schlechten Behandlung, die die Schafe Gottes erfahren, sie immer noch Gottes Schafe bleiben. Er wird sie nie vergessen oder verlassen. Er wird sie nicht enterben, denn in seinen Augen sind sie kostbar.

Jesus hat die Hingabe des Hirten an seine Schafe sehr ausdrucksstark beschrieben: »*Meine Schafe hören meine Stimme, und ich kenne sie, und sie folgen mir; und ich gebe ihnen ewiges Leben, und sie gehen nicht verloren in Ewigkeit, und niemand wird sie aus meiner Hand rauben. Mein Vater, der sie mir gegeben hat, ist größer als alle, und niemand kann sie aus der Hand meines Vaters rauben*« (Joh 10,27-29). Die Sicherheit der Schafe hat sowohl für den Vater als auch für den Sohn höchste Priorität.

Stellen Sie sich einmal einen Hirten vor, dem, sagen wir einmal, hundert Schafe am Morgen anvertraut werden und der am Abend mit nur vierundneunzig zurückkehrt? Er würde ausgelacht dafür, dass er Schafe verloren hat, die seiner Aufsicht anvertraut worden sind. Er mag einwenden, dass die Schafe störrisch waren, dass sie falsche Wege gegangen sind oder sich nicht in die Herde zurückbringen lassen wollten. Aber sein Ruf wäre dahin. Hirten sind für ihre

Schafe verantwortlich, ganz gleich, wie ungehorsam die Schafe auch sein mögen.

Die Schafe (das sind diejenigen von uns, die an Jesus glauben) sind ein Geschenk des Vaters an den Sohn. Wir sind in den Händen des Sohnes und auch in denen des Vaters. Wir haben es also mit zwei Paar Händen zu tun, die in Harmonie zusammenwirken – eine zweifache Sicherheit für Schafe, die vielleicht vom Weg abirren.

Wenn Sie noch immer nicht überzeugt sind und argumentieren, dass »Christus uns in seinen Händen hält, aber dass wir in der Lage sind, unsere Hände aus seinen zu lösen – ihm durch die Finger zu schlüpfen«, dann antworte ich, dass dies nicht so einfach ist. Wir sind Finger an seiner Hand (vgl. Eph 5,30 – Glieder an seinem Leib)!

Gläubige machen sich Gottes Absichten zu eigen. Sie dürfen sicher sein, dass Sie, wenn Sie persönlich Ihr Vertrauen auf den Hirten gesetzt haben, von jetzt an bis in Ewigkeit sicher sind. Gott wird Sie selbst dann nicht verlassen, wenn Sie sich gegen ihn auflehnen.

Heute morgen hatte ich eine Nachricht auf meinem Schreibtisch über einen wiedergeborenen Christen, der Selbstmord begangen hat. Er ging hinaus und erschoss sich und ließ dabei eine trauernde Ehefrau und schockierte Kinder zurück. Die Gründe waren unklar, außer dass er die seelischen Schmerzen nicht mehr ertragen konnte, die er erlitten hatte, als er in seiner Kindheit misshandelt worden war. Obwohl er Jesus lieb hatte, dachte er, er könne es einfach nicht mehr ertragen.

Natürlich kennt niemand das Herz eines Menschen außer Gott. Aber ich bin davon überzeugt, dass diejenigen, die auf Jesus vertraut haben, heute im Himmel sind, auch wenn sie mit der Sünde eines Mordes auf ihrem Gewissen sterben. Auch die aufrührerischen Schafe werden von der Erde in den Himmel gelangen.

Der Sohn wird diejenigen nicht verlieren, die der Vater ihm anvertraut hat.

Die Kinder des Himmlischen Vaters
werden sich sicher an seiner Brust versammeln.
Kein Küken im Nest und kein Stern am Himmel
hat je eine solche Zuflucht gehabt.

Weder Tod noch Leben soll je
die Kinder von ihrem Herrn trennen.
Ihnen erzeigt er seine Gnade,
und er kennt all ihre Sorgen.

Gott, Ted Turner und Sie

Doch was ist mit Ted Turner, der sagte, er sei sieben- oder acht Mal errettet worden, sich aber besser fühlte, als er seinen Glauben verlor? Was ist mit all denen, die sich von der Wahrheit abwenden, die sie einst kannten? Das sind schwierige Fragen, die wir sorgfältig behandeln müssen, denn nur Gott kann in das menschliche Herz sehen.

Es stimmt natürlich, dass die Tatsache, dass Gott uns einen Platz im Himmel reserviert hat, einige dazu bringen könnte, diese Sicherheit zu missbrauchen. Doch die Wiedergeburt gibt uns eine Liebe zu Gott ins Herz, ein Verlangen, für ihn statt für uns selbst zu leben. Unsere Motivation besteht darin, Diener Christi zu sein, nicht des Teufels.

Stellen Sie sich vor, eine junge Frau verlobt sich mit einem Mann. Sie weiß, dass er vertrauenswürdig ist. Er wird sein Versprechen halten, sie zu heiraten. Wird sie dann dieses Versprechen als Ausrede benutzen, mit anderen Männern zu schlafen, weil sie weiß, dass ihr Verlobter sie heiraten wird, wie auch immer die Umstände sein werden? Natürlich nicht. Sie liebt ihn ja. Sie liebt ihn noch mehr, weil er ihr versprochen hat, sie zu heiraten. Sie ist sich seiner Liebe sicher, und deshalb will sie ihm auf jede Weise gefallen.

Auf diese Art wollen diejenigen, die Gott mit sich versöhnt hat, ihm gefallen. Realistisch gesehen müssen wir zugeben, dass Gnade missbraucht werden kann. Ein echter Gläubiger kann sich vom Glauben abwenden, und wenn das der Fall ist, wird der Vater sein Kind für den Ungehorsam strafen. Solch eine Strafe ist sogar der Beweis der Sohnschaft (vgl. Hebr 12,6-8). Die Strafe mag nicht immer helfen, weil Gottes Kinder manchmal störrisch sein können, aber sie wird verhängt. Gott wird seine Kinder nicht in Ruhe lassen, die sich falsch verhalten.

Aber – und das ist wichtig – wir müssen uns daran erinnern, dass viele Menschen, die meinen, sie hätten ihr Leben Christus als ihrem Heiland anvertraut, nicht wirklich gerettet sind. Es kann sein, dass sie nie Gottes Schafe waren, obwohl sie ihr ganzes Leben lang vom Hirten gehört haben und einige seiner Schafe kennen. Später wenden sie sich von etwas ab, das sie nie wirklich besessen haben, sie verleugnen den Glauben, von dem sie nur dachten, dass sie ihn gehabt hätten.

Lassen Sie uns hören, wie Ted Turner weiter erklärt, wie er es versteht, warum er das Werk Jesu für sich selbst ablehnt.

»Wenn Sie wirklich akzeptieren, was die Bibel sagt, jedenfalls das Neue Testament, und zwar in dem Sinne, wie es normalerweise interpretiert wird, dann ist jeder von uns zur Hölle verurteilt. Diese Vorstellung von Sünde ist schrecklich und abstoßend. Jesus musste angeblich auf die Erde kommen, um zu leiden und am Kreuz zu sterben, damit die Sünde mit seinem Blut abgewaschen werden konnte ... Was für ein seltsamer Mann! Ich sage Ihnen etwas: Niemand braucht am Kreuz zu sterben und ein Blutopfer zu bringen, so wie es diese alten Religionen hier in den Pyramiden Mexikos taten, wo sie Jungfrauen die Herzen herausschnitten.«

Ich möchte hier nur ein paar Beobachtungen machen. Zunächst einmal glaubt Turner offensichtlich, dass ein Blutopfer nicht notwendig ist, um die Sünden wegzunehmen. Doch wir können kaum darüber entscheiden, ob solch ein Opfer notwendig ist oder nicht. Wenn die Bibel eine verlässliche Offenbarung von Gott ist, wofür uns ausreichend Beweise vorliegen, dann ist es nicht unsere Aufgabe zu entscheiden, ob Christus für uns am Kreuz sterben musste, um uns von unseren Sünden zu retten.

Zweitens, ein Vergleich des Opfers Christi mit dem Herausschneiden jungfräulicher Herzen in heidnischen Religionen bedeutet, dass man sich blind von der Kluft abwendet, die zwischen Christus und anderen religiösen Lehrern und Lehren besteht. Es gibt einen unendlichen Unterschied zwischen dem Christentum, das ein göttlich-menschliches Opfer erfordert, und dem Heidentum, wo Sünder andere Sünder in dem vergeblichen Versuch töten, ihre Sünden wegzunehmen. Sogar Heiden wissen, dass ein Opfer notwendig ist, um Sünden wegzunehmen, doch allein das Christentum begründet, warum das Opfer Christi das einzige ist, das Gott annimmt.

Die Worte Turners sind die eine Mannes, der niemals die Grundlagen des christlichen Glaubens verstanden hat. Er mag Gebete gesprochen, das Evangelium gehört, sogar eine Entscheidung getroffen haben, doch der Same des Wortes Gottes hat in seinem Herzen niemals Wurzel gefasst. Er muss gemeint haben, dass man ein Christ wird, indem man ein christliches Leben führt. Als ihn das nirgendwo hinführte – was zu erwarten war –, warf er den Glauben einfach über Bord. Die Bibel ist voller Warnungen vor den Abtrünnigen, die sich vom Glauben abkehren, von dem sie behaupten, ihn einst gehabt zu haben.

In Kanada gab es einmal ein paar Männer, die immergrüne Bäume in einer Siedlung verkauften und dann kamen, um sie einzupflanzen. Obwohl die Bewohner der Siedlung sie regelmäßig gossen, fingen die kleinen Bäumchen an zu welken und weigerten sich standhaft zu wachsen. Voller Frust grub einer der Bewohner eines der Bäumchen aus und entdeckte, dass er es mit einer Hand hätte aus der Erde ziehen können. Diese Männer hatten ihn betrogen, sie hatten einfach nur immergrüne Äste genommen und diese in die Erde gesteckt.

Jesus hat ein Wort für die Ted Turners dieser Erde. Als die Pharisäer sich an einigen Worten störten, die er ihnen gegenüber geäußert hatte, antwortete er einfach: »*Jede Pflanze, die mein himmlischer Vater nicht gepflanzt hat, wird ausgerottet werden*« (Mt 15,13). Wenn wir nicht »von Gott gepflanzt« sind, dann ist unsere Hingabe an Christus nicht nur hohl, sondern eine Illusion. Entscheidungen, die wir treffen, können vergessen werden, aber was Gott tut, bleibt bestehen. In diesem Leben wachsen Weizen und Unkraut zusammen und sind manchmal nicht voneinander zu unterscheiden. Aber zur Ernte werden sie aussortiert. Gott weiß, wer ihm gehört.

Welche Art Glauben errettet?

Bischof Munsey erzählt das Gleichnis von einem Mann, der, als er spazieren ging, plötzlich von einer Klippe fiel. Als er hinunterstürzte, gelang es ihm, einen Ast zu schnappen, der unter einem Felsen wurzelte. Er hielt sich fest und hing nun über der Tiefe. Unter ihm waren zerklüftete Felsen.

Die Geschichte berichtet, dass nun ein Engel erschien, und der Mann bat den Engel, ihn zu retten. Der Engel antwortete: »Glaubst du, dass ich dich retten *kann*?« Der Mann sah die starken Arme des Engels und sagte: »Ja, ich glaube, dass du mich retten kannst!«

Dann fragte der Engel: »Glaubst du, dass ich dich retten *will*?« Der Mann sah das Lächeln im Gesicht des Engels und antwortete: »Ja, ich glaube, dass du mich retten willst!«

Dann sagte der Engel: »Wenn du glaubst, dass ich dich retten kann und wenn du weiter glaubst, dass ich dich retten will, dann *lass los!*«

Das »Loslassen« ist Glaube. Wir halten uns nicht mehr an unserer

Taufe, an unseren guten Taten oder unseren eigenen Anstrengungen fest, um Gott zu gefallen. Wir wenden uns von unserer eigenen Sündhaftigkeit ab und setzen unser Vertrauen auf Jesus. Wenn wir uns auf ihn verlassen, dass er uns rettet, dann tut er es. *»Wahrlich, wahrlich, ich sage euch: Wer mein Wort hört und glaubt dem, der mich gesandt hat, der hat ewiges Leben und kommt nicht ins Gericht, sondern er ist aus dem Tod in das Leben übergegangen«* (Joh 5,24). Das ist ein Versprechen, auf das Sie sich verlassen können.

Wir haben erfahren, dass es viele Leute gibt, die nicht auf Jesus vertrauen, aber *meinen*, sie täten es. Und dann gibt es auch viele, die glauben, aber sich nicht sicher sind. Sie fragen sich: »Glaube ich *wirklich?*«

Worauf beruht nun unsere Sicherheit? Wie können wir wirklich *wissen*, dass wir die Ewigkeit bei Gott verbringen werden? Diese Fragen werden im folgenden Kapitel behandelt.

Kapitel 6
Sicher gerettet

In Michelangelos Bild vom Jüngsten Gericht zeigen die Gesichter derer, die gerichtet werden sollen, Unsicherheit und Angst. Niemand auf dem Fresko außer der Jungfrau Maria kennt ihr Schicksal. Welchen Ausdruck würde unser Gesicht haben, wenn wir wüssten, dass wir, sagen wir, in genau einer Stunde Gott gegenüberstehen würden? Samuel Johnson hat einmal beobachtet: »Nichts lässt uns so sehr auf das Wesentliche konzentriert sein, wie die Gewissheit, gehängt zu werden.« Ganz gleichgültig, wie viel Vertrauen wir vorgeben, wir alle haben Befürchtungen, wenn wir die Grenze ins Unbekannte überqueren sollen.

Und doch können wir trotz all unserer Ängste die feste Überzeugung haben, dass Gott uns vorbehaltlos annehmen wird. Er spielt nicht mit uns, er will uns nicht, geistlich gesehen, aus dem Gleichgewicht bringen. Ein liebender Vater möchte, dass seine Kinder wissen, dass sie ihm gehören. Der Tod, so geheimnisvoll er sein mag, braucht uns nicht zu erschrecken.

Hier ist ein Versprechen, auf das wir zählen können: »*Weil nun die Kinder Blutes und Fleisches teilhaftig sind, hat auch er in gleicher Weise daran Anteil gehabt, um durch den Tod den zunichte zu machen, der die Macht des Todes hat, das ist den Teufel, und um alle die zu befreien, die durch Todesfurcht das ganze Leben hindurch der Knechtschaft unterworfen waren*« (Hebr 2,14-15). Jesus kam, um uns von den Schrecken des Todes zu befreien!

Paulus vergleicht den Tod mit dem Stich einer Biene. »*Wo ist, o Tod, dein Sieg? Wo ist, o Tod, dein Stachel?*« (1Kor 15,55). Nachdem eine Biene ihr Opfer gestochen hat, kann sie nicht mehr stechen, ganz gleich, was für ein schreckliches Geräusch sie macht, wenn sie einen nackten Arm anfliegt. Genauso hat der Tod sich an Jesus erschöpft. Sein Stachel ist herausgerissen. Er kann uns zwar noch schrecken, aber nicht mehr vernichten.

Im vorherigen Kapitel habe ich einige Gründe für die Tatsache angeführt, dass Gott seine Kinder sicher nach Hause bringen wird. Doch nun kommen wir zu der entscheidenden Frage: Wie können wir sicher sein, dass wir Kinder Gottes sind? Es ist wundervoll zu glauben, dass diejenigen, die errettet sind, für immer in Sicherheit sind, doch jetzt heißt die entscheidende Frage: *Wie können wir sicher sein, dass wir zu dieser auserwählten Gruppe gehören?*

Wir werden echten Glauben besser erkennen, wenn wir ihn mit einigen Nachahmungen vergleichen. Bleiben Sie am Ball!

Ein Glaube, der nicht rettet

Als Paulus an die Gemeinde in Korinth schrieb, erinnerte er sie daran, dass er immer darauf geachtet hatte, unter ihnen nichts zu wissen, »*als nur Jesus Christus, und ihn als gekreuzigt*« (1Kor 2,2). Das tat er, wie er sagte, »*damit euer Glaube nicht auf Menschenweisheit, sondern auf Gottes Kraft beruhe*« (1Kor 2,5). Er fürchtete, dass ihr Glaube sonst auf einem falschen Fundament ruhen würde.

Die Eigenschaften echten Glaubens werden klarer, wenn wir sie mit einigen weitverbreiteten Vorstellungen vergleichen, denen die Kraft des rettenden Glaubens fehlt. Es handelt sich hier um den Unterschied zwischen menschlicher Weisheit und der Kraft Gottes.

Als Erstes gibt es den Glauben: *Ich glaube an Christus und ...* Wenn Sie Ihre Investitionen etwas streuen, dann haben Sie weniger Risiko, Geld zu verlieren. Sie kaufen Aktien von verschiedenen Unternehmen, so dass Sie, wenn eines bankrott macht, mit den anderen ausgleichen können, und Sie Ihr Geld letztlich sicher angelegt haben.

So denken manche Leute von ihrem Glauben an Christus. Sie glauben an ihn, aber sie glauben *auch*, dass die Taufe bei der Errettung hilft, oder auch die Eucharistie, der Gottesdienstbesuch oder gute Werke. Wenn eines davon sie nicht in den Himmel bringen sollte, dann wird sicherlich ein anderes Mittel erfolgreich sein. Oder, wenn man sie alle aufsummiert, dann hat man vielleicht genug gesammelt, um zu Gott zu kommen.

Bei einem Restaurantbesuch in Begleitung eines Freundes kam eine Frau auf uns zu, die eine Freundin meines Begleiters war und diesen begrüßen wollte. Wir kamen in ein Gespräch über die Religion im Allgemeinen und das Christentum im Besonderen. Im Verlauf dieses Gesprächs fragte ich sie:»Warum wird Gott Sie Ihrer Ansicht nach in den Himmel lassen?«

Sie antwortete:»Mein Mann und ich haben zwölfhundert Dollar bei einem Basar eingenommen, die wir für einen guten Zweck spenden.«

Als ich sie fragte, ob sie Gott noch mehr zu bieten hätte, führte sie noch andere gute Taten auf.

»Und was ist, wenn Gott noch mehr verlangt?«, fragte ich weiter. Sie sagte, dass sie sich für den Rest auf Gottes Gnade verließe.

An diesem Punkt erzählte unser gemeinsamer Freund folgende Geschichte:

Ein Mann kam ans Himmelstor und Petrus fragte ihn, warum er ihn in den Himmel lassen solle.

Der Mann antwortete:»Ich bin getauft.«

Petrus antwortete:»Das macht fünf Punkte.«

»Ich bin jeden Sonntag in die Kirche gegangen.«

»Das macht 20 Punkte.«

»Ich bin zweimal im Jahr beichten gewesen.«

»Das macht zehn Punkte.«

»Ich habe mein Geschäft immer ehrlich geführt.«

»Das macht fünf Punkte.«

An diesem Punkt wurde dem Mann bange, denn er konnte sich an keine anderen Verdienste erinnern, die er angesammelt haben könnte. Einfaches Nachrechnen sagte ihm, dass er nur 40 von 100 Punkten erreicht hatte, die er brauchte. Doch glücklicherweise erinnerte er sich an eine Predigt über die Gnade, die er einmal gehört hatte und antwortete: »Ich verlasse mich auf Gottes Gnade.«

Daraufhin antwortete Petrus:»Sie haben Glück gehabt, die Gnade Gottes ist 60 Punkte wert!«

Natürlich würde ein Theologe die Geschichte ein wenig korrigieren wollen und sagen, dass auch die anderen vierzig Punkte Gottes Gnade waren, denn er gibt uns schließlich die Kraft, Gutes zu tun. Aber selbst wenn: In der Geschichte erscheint die Erlösung als ein gemeinsames Unternehmen von Mensch und Gott. Sie basiert auf der Vorstellung, dass wir etwas zu dem Wunder beitragen könnten, das wir so dringend brauchen.

So höflich wie möglich versuchte ich, dieser lieben Frau klar zu machen, dass diejenigen, die ihren Glauben zwischen Christus und etwas anderem aufteilen, ihn beleidigen. Solche haben noch nicht verstanden, dass nur Christus allein uns vor Gott annehmbar machen kann. Sie sind wie der Pharisäer, der auf Gott *und* auf sich selbst vertraute, dass er errettet würde. Und aus diesem Grunde verließ er den Tempel ohne Rechtfertigung.

Als ich die Frau fragte, ob sie sich sicher sei, genug getan zu haben, um sich den Himmel zu verdienen, musste sie bekennen, dass sie sich nicht sicher war, in den Himmel zu kommen. Und zwar mit gutem Grund. Weil sie dachte, dass die Errettung teilweise von Gottes Gnade und teilweise von ihren eigenen Taten abhing, konnte sie niemals sicher sein, dass sie ihren Teil des Geschäftes erfüllt hatte.

Ich forderte sie heraus, doch alles auf eine Karte zu setzen. Ich sagte ihr, dass es einen Glauben gibt, der sie wirklich retten kann. Es handelt sich um den Glauben, der sie sicher machen und sicher in den Himmel führen könne. Mehr dazu später.

Dann gibt es den Glauben: *Ich glaube ganz allgemein an Jesus.* So jemand kann sogar glauben, dass Jesus für die Sünder gestorben ist, aber er hat dieses Geschenk noch nicht für sich persönlich in Anspruch genommen. Man kann seine Meinung im Kopf ändern, ohne dass das Herz wirklich überzeugt ist.

Genauso betrügerisch ist der Glaube: *Ich bin in einer Versammlung nach vorne gegangen und habe ein Gebet nachgesprochen.* Dieser Glaube verwechselt ein äußerliches Zeichen mit einem inneren Wunder. Ich habe schon vor den Gefahren gewarnt, echte Erlösung mit dem »Nach-vorne-Gehen« in einer Veranstaltung oder dem Unterzeichnen einer »Entscheidungskarte« zu verwechseln. Als ich etwa zehn Jahre alt war, war ich zu schüchtern, um vor mehreren hundert Leuten nach vorne zu gehen, während ein einladendes Lied gesungen wurde. Deshalb litt ich während dieser Zeit, weil ich dachte, ich könne niemals errettet werden. Ich dachte: *Wenn ich nach vorne gehen muss, um errettet zu werden, dann gehe ich, glaube ich, doch lieber in die Hölle!*

Irgendwie meinen wir immer, dass Gott nichts an unserem Herzen getan hat, wenn wir nicht etwas beigetragen haben. Wir wollen wenigstens unsere Hand heben, einen Mittelgang hinunterschreiten oder irgendein anderes religiöses Ritual durchführen. Diejenigen, die den Glauben an Christus mit solchen Ritualen verwechseln, kehren oft dem Glauben den Rücken – und zwar mit gutem Grund! Sie meinen, errettet zu sein, weil sie etwas getan haben! Und doch haben sie vielleicht ihr Vertrauen nicht auf Jesus gesetzt.

Wenn Sie meinen, dass Ihre eigenen Handlungen etwas zu Ihrer Erlösung dazutun, dann habe ich eine Frage an Sie: *Was lässt Sie denken, dass Ihre guten Werke Gott mehr bedeuten könnten, als die*

Vorzüge seines Sohnes, den er so innig liebt? Die gute Nachricht lautet, dass Christus im Sterben sagte: *»Es ist vollbracht.«* Dieser Ausdruck bedeutet: »Voll und ganz bezahlt.«

Wenn wir das verstanden haben, dann kommen wir zum Wesentlichen eines rettenden Glaubens.

Der rettende Glaube

Rettender Glaube basiert auf einer Überzeugung, auf einem festen Glauben an einige Tatsachen. *»Der Glaube aber ist eine Verwirklichung dessen, was man hofft, ein Überführtsein von Dingen, die man nicht sieht«* (Hebr 11,1). Das Wort *Verwirklichung* kann man auch mit *Zuversicht* wiedergeben. Glauben ist deshalb eine *Überzeugung*, eine Zuversicht, dass etwas wahr ist. Und wenn wir von den richtigen Dingen überzeugt sind, werden wir errettet.

Man beachte, wie der Apostel Johannes die Zuversicht der Erlösung mit einem inneren Zeugnis oder einer Überzeugung im Herzen verbindet:

»Wenn wir schon das Zeugnis der Menschen annehmen, das Zeugnis Gottes ist größer; denn dies ist das Zeugnis Gottes, dass er über seinen Sohn Zeugnis abgelegt hat. Wer an den Sohn Gottes glaubt, hat das Zeugnis in sich; wer Gott nicht glaubt, hat ihn zum Lügner gemacht, weil er nicht an das Zeugnis geglaubt hat, das Gott über seinen Sohn bezeugt hat. Und dies ist das Zeugnis: dass Gott uns ewiges Leben gegeben hat, und dieses Leben ist in seinem Sohn. Wer den Sohn hat, hat das Leben; wer den Sohn Gottes nicht hat, hat das Leben nicht. Dies habe ich euch geschrieben, damit ihr wisst, dass ihr ewiges Leben habt, die ihr an den Namen des Sohnes Gottes glaubt« (1Jo 5,9-13).

Wie sieht nun der rettende Glaube aus? Welcher Glaube gibt uns solche Zuversicht, dass wir »wissen, dass wir ewiges Leben haben«?

Ein Glaube, der allein auf Christus ausgerichtet ist
Rettender Glaube bedeutet, dass ich Christus als meinen Stellvertreter annehme, als den Träger meiner Sünden. Ich glaube den Verheißungen des Herrn Jesus, dass er denen ewiges Leben gibt, die glauben. Calvin definierte das als »feste und sichere Erkenntnis der Güte Gottes gegen uns, begründet auf der Wahrheit der großzügigen Verheißungen Christi, die unserem Verstand offenbart sind, und in unserem Herzen durch den Heiligen Geist versiegelt werden.« Das ist ein Glaube, der uns von Gott gegeben wird, die Einsicht, dass Christus alles Notwendige getan hat, damit wir für immer vor Gott für gerecht erklärt werden können.

Der rettende Glaube ist eine persönliche Bestätigung des Glaubens. Der Apostel Paulus hat das so ausgedrückt: »*Wenn du mit deinem Mund Jesus als Herrn bekennen und in deinem Herzen glauben wirst, dass Gott ihn aus den Toten auferweckt hat, du errettet werden wirst. Denn mit dem Herzen wird geglaubt zur Gerechtigkeit, und mit dem Mund wird bekannt zum Heil*« (Röm 10,9-10). Das bedeutet, dass man mit dem Herzen vertraut und nicht nur über den Verstand innerlich mit dem Kopf nickt.

R. T. Kendall sagt ganz richtig: »Wir werden errettet, so wie wir überzeugt sind, dass Jesus Christus der Sohn Gottes ist, der Gott-Mensch, und dass er unsere Schuld durch sein am Kreuz vergossenes Blut bezahlt hat. ... Wenn wir nicht davon überzeugt sind, dass Jesus unsere Schuld bezahlt hat, dann gibt es keine Gewissheit eines rettenden Glaubens und deshalb auch keine Gewissheit, gerettet zu sein.«

Vergessen Sie nicht: Wir müssen glauben, dass Christus alles Notwendige getan hat, alles auch in Zukunft Notwendige, damit wir vor

Gott bestehen können. Wenn wir diesen Glauben haben, dann haben wir Zuversicht und wissen, dass wir das ewige Leben haben.

Ganz offensichtlich ist unsere Zuversicht umso größer, je fester wir daran glauben, dass Jesus alles Notwendige erledigt hat. Wir können mit einem ganz kleinen Glaubensfunken beginnen (Jesus hat gesagt, dass Glaube von der Größe eines Senfkorns ausreicht), und mit der Zeit wird er wachsen.

Ob unser Glaube nun klein oder groß ist, er muss sich auf Jesus *allein* gründen, denn Gott nimmt nur diejenigen an, die seinen Sohn annehmen. Und je überzeugter wir sind, dass der Verdienst des Herrn Jesus vollkommen von Gott dem Vater angenommen worden ist, desto größer ist unsere Zuversicht, dass wir errettet sind, und dass wir für immer errettet sind.

Kein Wunder, dass die Menschen auf dem Gemälde von Michelangelo, das das Jüngste Gericht darstellt, so verwirrt sind. Im Mittelalter wurde den Menschen größtenteils nicht gelehrt, dass Jesus die volle Schuld der Sünden für alle Gläubigen beglichen hat. Sie wurden gelehrt, dass die Erlösung eine Zusammenarbeit von Mensch und Gott erfordert. Kirchgänger durften nicht denken, dass die Erlösung ein Geschenk war, sondern es wurde von ihnen erwartet, dass sie sich die Verdienste Christi noch selbst verdienen mussten. Sie mussten seinem Werk durch ihre eigenen Werke und Leiden noch etwas hinzufügen. Offensichtlich war durch diese Theologie niemand sicher, dass er genug getan hatte. Diejenigen, die behaupteten, sie wären sich ihrer Errettung gewiss, wurden des Hochmuts beschuldigt.

Vergleichen Sie das mit Charles H. Spurgeon, einem Prediger, der im letzten Jahrhundert in London wirkte und gesagt haben soll, er könne an einem Flachsstengel über den Flammen der Hölle hängen und doch die Verdammnis nicht fürchten, wenn er nur wegen seiner Errettung auf Jesus vertrauen würde! Das ist kein Hochmut – es geht nur darum, den Verheißungen Jesu zu glauben, ganz gleich, was andere sagen. Der Unterschied besteht darin, ob Jesus alles getan hat, oder ob wir ihm noch nachhelfen müssen.

Bei der Errettung geht es darum, einem wirklich geeigneten Erlöser zu vertrauen. Ein Geretteter nimmt das Werk Jesu für sich als vollkommen an. Man setzt sein Vertrauen nicht mehr auf sich selbst, sondern auf jemanden, der das Zeugnis hat, Gottes hohen Ansprüchen gerecht zu werden. Noch mehr, es ist ein Glaube daran, dass Gottes Anforderungen an diejenigen, die glauben, schon erfüllt sind. Durch den Tod Jesu werden wir mit Gott versöhnt, durch seine Auferstehung wissen wir, dass sein Opfer für uns angenommen worden ist. Für die Gläubigen ist schon alles erledigt!

Nehmen wir an, jemand sagt: »Ich kann kein Christ sein, weil ich kein christliches Leben führen kann.« So jemand hat die gute Nachricht noch nicht verstanden. Wir brauchen kein christliches Leben zu führen, um Jesus zu helfen, uns zu erretten. Er verändert uns, er tut alles, was wir brauchen, um im Himmel angenommen zu werden und unser Leben hier unten auf der Erde zu führen. Er erwartet nicht von uns, dass wir uns erst selbst verändern. Er möchte nur, dass wir unsere Sündhaftigkeit anerkennen, und zugeben, dass wir die Gerechtigkeit Christi nötig haben.

Als ich mit vierzehn Jahren erkannte, dass ich nicht in einer Versammlung nach vorne kommen musste, um errettet zu werden, nahm ich Christus als meinen persönlichen Erlöser an. Von diesem Augenblick an hatte ich die feste Überzeugung, dass ich gerettet bin – und zwar für immer. Ich lernte, dass Gott sein Werk überall und zu jeder Zeit tun kann. Gerettet werden ist nicht etwas, zu dem wir uns entscheiden (obwohl eine Entscheidung notwendig ist), auch geht es nicht darum, einer Tatsache verstandesmäßig zuzustimmen (obwohl auch das dazugehört). Echter Glaube ist eine Herzensüberzeugung.

Er ist die Zuversicht, die uns der Heilige Geist schenkt. Er ist nichts weniger als ein Geschenk von Gott.

Lassen sie mich noch etwas hinzufügen: *Wenn Sie überzeugt sind, dass Christus alles getan hat, was notwendig war und sein wird, um Sie zu Gott zu bringen, dann werden Sie nicht nur gerettet, sondern Sie werden auch wissen, dass Sie gerettet sind.*

Heute sollten Sie und ich in der Lage sein, mit Paulus zu sagen: *»Um dieser Ursache willen leide ich dies auch; aber ich schäme mich nicht, denn ich weiß, wem ich geglaubt habe, und bin überzeugt, dass er mächtig ist, mein anvertrautes Gut bis auf jenen Tag zu bewahren«* (2Tim 1,12). Wenn wir Paulus fragen würden, woher solch eine tiefe Überzeugung kommt, würde er antworten: *»Also ist der Glaube aus der Verkündigung, die Verkündigung aber durch das Wort Christi«* (Röm 10,17).

Wenn Sie, mein Freund, von Herzen überzeugt sind, dass Christus Ihre Schuld beglichen hat, und Sie Ihre ewige Seele Christus und nichts anderem anvertrauen, dann sind Sie errettet – und zwar für immer. Das ist eine gute Nachricht in einer Zeit, in der schlimme Nachrichten und unsichere wirtschaftliche Bedingungen überwiegen.

Ein Glaube, der vom Heiligen Geist bestätigt wird

Die Wiedergeburt ist, wie wir gelernt haben, nichts, was *wir* tun, sondern etwas, das Gott an uns tut. Wir empfangen eine neue Natur, und der Heilige Geist schlägt auch seinen Wohnsitz in uns auf.

Hören wir auf die Worte des Paulus: *»Der Geist selbst bezeugt zusammen mit unserem Geist, dass wir Kinder Gottes sind. Wenn aber Kinder, so auch Erben, Erben Gottes und Miterben Christi, wenn wir wirklich mitleiden, damit wir auch mitverherrlicht werden«* (Röm 8,16-17). Der Geist gibt uns ein inneres Zeugnis, dass wir Kinder Gottes sind. Wir haben das Gefühl, dazuzugehören, eine innere Überzeugung, dass wir endlich mit Gott versöhnt worden sind. Wir fangen an, uns mit anderen Augen zu sehen, denn wir stehen unter einer neuen Herrschaft.

Gott arbeitet direkt an den Herzen derer, die ihm gehören. Er tut dies nicht durch irgendwelche Gnadenmittel, die von Menschen gespendet werden, sondern arbeitet zusammen mit dem Glauben, der ins Herz gegeben wurde. Die Kirche hat nicht die Macht, Menschen von der Gnade Gottes auszuschließen.

Wir können nicht oft genug wiederholen, dass die Erlösung Gottes Werk ist. Wir werden direkt von Gott erlöst und nicht dadurch, dass Menschen in seinem Namen handeln. Die Sakramente sind Symbole dessen, was Gott tut, doch in sich selbst haben sie keine Erlösungskraft. Ein Mensch kann ohne Taufe, ohne Eucharistie oder andere Rituale erlöst werden. Es ist sogar Tatsache, dass der Mensch nur *ohne die Rituale erlöst wird, die Menschen zelebrieren.*

Das erklärt, warum Johannes sagen kann: »*Wer an den Sohn Gottes glaubt, hat das Zeugnis in sich; wer Gott nicht glaubt, hat ihn zum Lügner gemacht, weil er nicht an das Zeugnis geglaubt hat, das Gott über seinen Sohn bezeugt hat*« (1Jo 5,10). Die Kirche kann das nicht für uns tun, Gott tut dieses besondere Werk ganz ohne seine Diener. Wenn Sie glauben, dass Christus Ihre Schuld jetzt und auf ewig beglichen hat, dann werden Sie dieses innere Zeugnis erhalten, dass Sie Gottes Kind sind.

Wir können alle eine Lektion von John Wesley lernen, einem englischen Evangelisten des 18. Jahrhunderts, der nach Amerika kam, um die Indianer zu bekehren. Er kam mit der überwältigenden Überzeugung zurück nach England, dass er ein sündiges Herz hatte und niemals wiedergeboren war. Er schrieb: »Ich habe gelernt, was ich von allem am wenigsten erwartete, dass ich, der ich nach Amerika ging, um die Indianer zu bekehren, mich selbst nie zu Gott bekehrt hatte!«

Wesley beneidete seine Freunde um ihren Glauben, die von ihrer

Gewissheit erzählten, dass sie Gott kannten, ein Glaube, der ihnen Freude und Friede brachte. Wesley hätte seinen letzten Blutstropfen gegeben, um auch diesen Glauben zu besitzen. Als ihm gesagt wurde, dass es sich um ein Geschenk an die handelt, die sich danach sehnten, entschloss er sich, danach zu suchen.

Am 24. Mai 1738 besuchte er recht widerwillig eine Zusammenkunft in der *Aldersgate Street*, in der jemand laut aus Luthers Vorrede zum Römerbrief vorlas. Wesley schreibt: »Etwa um viertel vor neun, als er die Verwandlung beschrieb, die Gott durch den Glauben an Christus im Herzen bewirkt, merkte ich, wie sich mein Herz ganz seltsam erwärmte. Ich merkte, dass ich auf Christus vertraute, dass Christus allein mein Retter ist, und mir wurde die Gewissheit geschenkt, dass er meine Sünden beglichen hat – ja, meine – und mich vom Gesetz der Sünde und des Todes errettet hat.«

Auf diese Weise muss der persönliche Glaube an Christus zur Überzeugung in uns führen, dass das Wunder der Wiedergeburt in uns geschehen ist. Sobald das Vertrauen in Wesleys Herz Fuß fasste, war auch die Gewissheit da. Man beachte die Worte: »Ich merkte, dass ich auf Christus vertraute, ... Christus allein ... und mir wurde die Gewissheit geschenkt, dass er meine Sünden beglichen hat – ja, meine ...«

Allein Vertrauen auf Christus rettet. Doch dank der Macht des Heiligen Geistes führt dieses Vertrauen zur Überzeugung.

Ein Glaube, der geistliche Frucht trägt

Ich habe nun ausführlich gezeigt, dass wir nicht durch gute Werke errettet werden, doch dass von uns nach der Errettung erwartet wird, dass wir ein Leben guter Werke führen (vgl. Eph 2,10). Die innere Veränderung des Leben, die der Heilige Geist vollbringt, bringt die Frucht eines christlichen Lebens hervor.

Unsere Werke gefallen nun Gott, weil wir als einzelne durch die vollkommenen Verdienste Christi vor Gott wohlgefällig gemacht worden sind. Die Werke, die wir vorher getan haben, waren wertlos, vielleicht sogar Stolpersteine auf unserer Suche nach Gott. Die Werke, die auf die Rechtfertigung folgen, nimmt Gott an, weil wir nun seine Kinder sind und ihm aus Liebe und Dankbarkeit dienen. Christus macht nun unsere unvollkommenen Werke in Gottes Augen vollkommen.

Nach unserer Bekehrung sehen wir Gott ganz anders. Er ist nicht mehr das unpersönliche, ferne Wesen, sondern wir nennen ihn nun unseren himmlischen Vater. Wir werden auch die Sünde anders sehen. Statt sie für etwas zu halten, das man tolerieren sollte oder sogar sich daran freuen, sehen wir, dass die Sünde Gott traurig macht.

Welche Rolle spielen nun Werke für unsere Heilsgewissheit? Sie bestätigen unsere Entscheidung, aber sie können nie die Grundlage unserer Gewissheit sein. Sie geben eine Art zweiten Test ab, der uns entweder zu noch größerer Gewissheit führt oder aber uns guten Grund gibt, an unserer Erlösung zu zweifeln. Doch die persönliche Überzeugung ist in erster Linie in unserem Glauben an Christus begründet.

Wenn jemand mir sagt, dass er Christus als seinen Erlöser angenommen hat und trotzdem dasselbe selbstsüchtige und sündenorientierte Leben wie vorher führt, dann habe ich Grund anzunehmen, dass er sich vielleicht selbst betrügt. Schließlich ist das Werk Gottes am Herzen tief und beständig, wie dieses Buch gezeigt hat. Nicht nur wir sollten die Errettung eines Menschen infragestellen, wenn sein Leben unverändert ist, sondern vor allem er selbst sollte dies tun.

Wenn aber andererseits das Leben von jemandem Frucht getragen hat, wenn sein Leben verändert worden ist, dann haben wir Grund zu der Überzeugung, dass sein Glauben an Christus echt sein könnte. Wir können ihn ermutigen, aber wir sollten ihn nicht für »gerettet« erklären.

Wir müssen dem Heiligen Geist vertrauen, dass er ihm die Überzeugung schenkt, die zur Gewissheit führt. Weil wir nicht ins menschliche Herz hineinsehen können, können wir nur den Weg weisen, aber nicht jemandem auf den Kopf zusagen, dass er angekommen ist. Denken wir daran: Viele Kirchgänger, die behaupten, Christen zu sein, sind es nicht, auch wenn sie denken, es zu sein.

Ein Freund von mir dachte bis zum Alter von vierunddreißig Jahren, dass er ein Christ sei, denn er war in einer evangelikalen Gemeinde aufgewachsen. Auch andere meinten, er sei ein guter Christ, die Sorte Mensch, die einen guten Einfluss auf ihre Umgebung haben. Menschen hörten auf zu fluchen, wenn er in einen Raum kam, und in seiner Hörweite wurden keine fadenscheinigen Geschäfte abgeschlossen. Und doch wurde er durch verschiedene Umstände zu einer tiefen Überzeugung seiner Sündhaftigkeit geführt und bekehrte sich später. Es war für mich äußerst interessant ihn sagen zu hören: »Ich wusste nicht, dass ich nicht errettet war, bis zu dem Augenblick, in dem ich gerettet wurde!«

Ich kann Ihnen keine Gewissheit vermitteln, und *ich* kann auch nicht darüber urteilen, wenn Sie mir berichten, dass Sie von Herzen überzeugt sind, dass Christus die Strafe für Ihre Sünden beglichen hat. Wenn Sie zweifeln, dann kann ich Ihnen den Rat geben, auf Jesus zu sehen, seine vollkommenen Taten zu bedenken und seine wundervollen Verheißungen für sich in Anspruch zu nehmen.

Als Pastor habe ich Menschen seelsorgerlichen Rat gegeben, die sich ihrer Erlösung nicht sicher waren. Einer von ihnen las jeden Tag mehrere Stunden in der Bibel, um Gewissheit zu erlangen. Ein anderer zog sich zurück, um »Gott zu suchen«. Solange diese Leute sich auf ihre Werke verließen, waren sie nie der Überzeugung, dass sie genug vorzuweisen hätten, um ihre Erlösung zu »beweisen«. In beiden Fällen hatte ich allen Grund zu glauben, dass sie schon wiedergeboren waren. (Wer sonst würde sich so um Glaubensgewissheit mühen, als diejenigen, an deren Leben Gott schon ein großes Werk getan hat?) Doch es war nicht meine Aufgabe, ihnen diese Gewissheit zu vermitteln, sondern ihnen den Rat zu geben, auf Christus zu schauen und sein vollkommenes Werk für sich persönlich in Anspruch zu nehmen.

Wenn wir also unsere Taten anschauen, reichen sie offensichtlich niemals aus, so dass wir sagen können: »Ich weiß nun sicher, dass ich jetzt und für immer gerettet bin.« Außerdem können wir nicht sicher sein, dass wir auch in Zukunft immer gute Werke tun. Einige Christen haben sich jahrelang von Gott entfernt und zeigen äußerlich kaum einen Beweis ihrer Bekehrung.

Nehmen wir an, Sie säßen in einem Flugzeug und fragten einen Mitpassagier: »Warum sollte Gott Sie in den Himmel hineinlassen?«, und er würde antworten: »Weil ich ein guter Mensch bin, denn ich spende regelmäßig, tue freiwilligen Dienst in einem Krankenhaus und führe ein ehrliches Leben.« Sie würden hoffentlich allen Grund haben zu bezweifeln, ob er wirklich ein Christ ist, denn wie wir ausführlich versucht haben zu belegen, ist noch niemand durch gute Werke gerettet worden.

Wenn es ein Irrglaube ist zu versuchen, sich durch gute Werke zu erlösen, dann ist es sicherlich missverständlich, wenn man behauptet, dass die Basis unserer Gewissheit in guten Werken besteht! Um nochmals Calvin zu zitieren: »Wenn Menschen anfangen, anhand guter Werke darüber zu urteilen, ob sie wiedergeboren sind, dann gibt es nicht Unsichereres oder Schlimmeres.« Wenn wir uns selbst betrachten, haben wir nur Grund zur Verzweiflung. Es ist unmöglich, aus unseren unvollkommenen Werken vollkommene Gewissheit zu beziehen. Wir werden gerettet, indem wir auf die guten Werke von Jesus sehen, nicht auf unsere eigenen. Durch ihn können wir die innere Sicherheit haben, dass er an unserer Stelle die Schuld beglichen hat.

Ein Neubekehrter kann Gewissheit haben, wenn er davon überzeugt ist, dass Christus seine Sünden getragen und alles getan hat, was für ihn zu tun nötig war. Solcher Glaube wird durch das innere Zeugnis des Geistes bestätigt. Die zukünftigen Werke des Bekehrten (oder auch ein Mangel daran) können die Echtheit seines Glaubens infragestellen, doch wenn er Gottes Verheißungen ganz für sich persönlich geglaubt hat, dann darf er sich schon jetzt über seine Gewissheit freuen. Ein Lied drückt das sehr passend aus:

> Der schlimmste Verbrecher, der wirklich glaubt,
> empfängt die Vergebung Jesu sofort.

Sein Glaube sollte sich nicht an Beweisen für den Glauben festmachen, sondern an den Verheißungen Christi.

Zweifel müssen ernstgenommen werden, und Zweifel müssen von der Bibel her beantwortet werden. Aber denken Sie daran, dass es Leute gibt, die nicht an das Evangelium glauben, obwohl sie felsenfest davon überzeugt sind, es zu tun. Und es gibt außerdem Leute, die meinen, sie glaubten dem Evangelium nicht, und tun es aber doch!

Mehr darüber im nächsten Kapitel.

Ein Glaube, der wächst

Bei einer Konferenz bat mich ein Ehepaar, der Frau einen seelsorgerlichen Rat zu geben. Sie bekam immer wieder Angst, dass sie vielleicht doch kein Christ sei. Sie hatte bisher Bibelabende geleitet, andere zum Glauben an Christus geführt; ihr ganzes Leben gab eigentlich Zeugnis dafür, dass sie wiedergeboren war. Ich erzählte ihr eine Geschichte, die ihr zu verstehen half, wie unser Glaube wachsen kann.

Es war einmal ein Mann, beginnt die Geschichte, der im Winter über einen Teich gehen wollte, aber fürchtete, das Eis würde nicht halten. Um nicht einzubrechen, verteilte er sein Gewicht und kroch über das Eis, statt zu gehen. Plötzlich sah er auf und sah eine Reitergruppe über den Teich reiten! Damit stand er auf und konnte voller Vertrauen auf dem Eis gehen.

»Genau das ist meine Situation!«, sagte die zweifelnde Frau. »Ich krieche auf dem Eis herum, während andere das Vertrauen haben, darauf zu gehen oder sogar Schlittschuh darauf zu laufen.« Worauf ich antwortete: »Ja, und denken Sie daran, das Eis ist unter Ihren Füßen genauso dick wie unter allen anderen!« Geistlich gesprochen wurde sie ermutigt, aufzustehen und zu gehen; sie brauchte nur das Wissen, dass Jesus für sie genauso stark war wie für jeden anderen.

Um ein altes Sprichwort zu zitieren: »Wir können zwar auf dem Felsen zittern, aber der Fels unter uns zittert nie!« Der Glaube, durch den wir Jesus annehmen, mag klein und schwach sein. Aber die Größe des Glaubens ist weniger ausschlaggebend als der, auf den wir unseren Glauben richten. Wir können mit all unseren Zweifeln und Bedenken zu Jesus kommen, und er wird uns helfen. Wir kommen in dem Glauben, dass er unsere einzige Hoffnung ist, und wir kommen im Vertrauen auf die Verheißung, dass er uns annehmen will.

Wir brauchen keinen vollkommenen Glauben, um Jesus anzunehmen. Wenn wir in unserem Glauben wachsen, dann werden wir das erhalten, was der Verfasser des Hebräerbriefes eine »*volle Gewissheit des Glaubens*« nennt (Hebr 10,22). Das heißt, dass unsere Gewissheit ebenso wächst wie unsere Fähigkeit, auf Gott zu vertrauen. Durch Bibelstudium und die Kraft, die aus der Gemeinschaft mit dem Volk Gottes erwächst, werden wir auf unserer Pilgerreise in die himmlische Heimat immer gewisser werden.

Einige, die heute noch kriechen, werden morgen aufrecht gehen.

Ist Jesus genug?

Als ich einmal in meinem Büro in der *Moody-Gemeinde* saß, erhielt ich einen Anruf von einer Frau, die in Tränen aufgelöst war und sagte, dass sie mit mir sprechen müsse. Dies ist ihre Geschichte. Sie lebte in einem Pflegeheim in Chicago, und jeden Tag saßen die christlichen Frauen dort zusammen und hörten gemeinsam christliche Radiosendungen an. Gerade an diesem Morgen hatten sie eine Predigt gehört, in der der Pastor betonte, dass die Gewissheit der Erlösung auf den guten Werken beruhe.

Er sagte, dass ein echter Christ ein- oder zweimal zurückfallen könne, aber dass er immer wieder in die Gemeinschaft mit Christus zurückkehre. Ohne diese Beweise gäbe es keine Gewissheit. Man sei errettet, wenn man auf Jesus schaue, sagte der Pastor, aber Gewissheit erhalte man nur, wenn man nach seinen Früchten Ausschau hielte.

Die Frau weinte, als sie mir sagte, dass sie zwar im Alter von neunzehn Jahren Jesus als ihren Retter angenommen und sogar ihre Tochter zum Glauben geführt habe. Aber nun habe sie das Gefühl, dass der Pastor ihr gesagt habe, sie sei noch nicht erlöst.

»Was bringt Sie auf diese Idee?« fragte ich.

»Nun, wenn das stimmt, was er sagt, dann ist man kein Christ, wenn man mehr als dreimal zurückfällt. Mein Herr weiß, wie oft ich ihn enttäuscht habe. Ich bin so oft zurückgefallen. Der Pastor gab mir das Gefühl, dass man nur dann errettet ist, wenn man fast vollkommen lebt.«

Ich fragte: »Auf was vertrauen Sie, wenn Sie an Ihre Errettung denken?«

»Nun, auf das Blut Jesu, denn es gibt ja nichts anderes.« Dann fügte sie hinzu: »Ich kann ja mein Herz nicht mit Stahlwolle scheuern, ich muss auf das Blut Jesu vertrauen.«

»Das Blut Jesu ist *genug*«, sagte ich ihr.

»Sind Sie sicher?«

»Ja, ich bin mir ganz sicher.«

In der Zwischenzeit hatte sie aufgehört zu weinen. Ich betete mit ihr am Telefon, und danach sagte sie: »Wenn ich aufgelegt habe, gehe ich gleich zu den anderen Frauen und sage ihnen, dass das Blut Jesu reicht!«

Das zweite Buch Mose berichtet von der Auseinandersetzung zwischen Israel und dem Pharao, der sie nicht aus Ägypten ausziehen lassen wollte. Gott befahl Mose, wie Sie sich gewiss erinnern, allen Israeliten zu sagen, in der Nacht, in der sie das Passah halten würden, Blut an die Türpfosten ihrer Häuser zu streichen, um den Engel des Todes aus ihren Häusern fernzuhalten. Ich kann mir vorstellen, wie mancher Erstgeborene seinen Vater fragte: »Bist du ganz sicher, dass uns nichts passiert?« Der Vater konnte ihn dann nach draußen führen und ihm das Blut zeigen: »Ja, uns passiert ganz sicher nichts.«

In einer anderen Familie mag der Erstgeborene ein schlimmer Kerl gewesen sein, schlimmer als der Sohn manches Ägypters, der in derselben Straße wohnte. Aber es ging gar nicht darum zu argumentieren, wessen Sünde größer war. Nur das Blut am Türpfosten zählte.

Ein anderer Erstgeborener war vielleicht gefühlsmäßig sehr verwirrt, und zweifelte unentschlossen. Vielleicht hatte ein Skeptiker an seine Tür geklopft, hatte ihn verunsichert und ihn daran erinnert, dass die Häuser der Ägypter und die der Israeliten doch sehr ähnlich aussähen. Wenn das Gericht in *ein* Haus käme, käme es sicher auch in das *andere*.

Aber der Sohn des Israeliten brauchte hier gar nicht zu argumentieren. Er brauchte nur auf das Blut an der Tür zu weisen und den Skeptiker daran zu erinnern, dass Gott verheißen hatte: »*Und wenn ich das Blut sehe, dann werde ich an euch vorübergehen*« (2Mo 12,13). Auf jeden Fall ging es nicht darum, wie das Haus aussah oder wie viel jemand gesündigt hatte oder wie unsicher die Bewohner des Hauses waren. Der springende Punkt war das Blut.

Wie gesegnet sind doch die Menschen, die auf das Blut Jesu vertrauen. Sie wissen, dass das Opfer, das er für uns Sünder am Kreuz gebracht hat, völlig ausreicht! Wenn wir diese Verheißung verstehen, dann empfangen wir wirkliche Gewissheit.

Wenn Gott mit dem Tod Jesu zufrieden ist, dann sollte er auch uns reichen. Und wenn er reicht, dann schulden wir Gott keine Gerechtigkeit mehr. Das Lied stimmt:

> Ich brauche keine weiteren Argumente,
> ich brauche keine weiteren Begründungen.
> Es reicht aus, dass Jesus gestorben ist
> und dass er für mich gestorben ist.

Solche Gewissheit bringt einen bußfertigen Geist hervor – die Bereitschaft, uns von uns und unseren Sünden Christus zuzuwenden, den wir jetzt lieben. Unser Leben wird verändert, weil es eine Brücke über die Kluft zwischen uns und Gott gibt.

Wir sind gerettet, und zwar für immer.

Aber wenn Sie jetzt noch zweifeln, dann ist das nächste Kapitel für Sie bestimmt.

Kapitel 7
Nur für Zweifler

Gott handelt wunderbar,
um seine Wunder zu vollbringen.
Er setzt seine Fußspuren ins Meer
und reitet auf dem Sturm.

Diese Worte von William Cowper sind weithin bekannt. Was weniger bekannt ist, dass er an dem Abend, an dem er diese Zeilen schrieb, einen Selbstmordversuch unternahm. Obwohl er viele Gedichte über die Güte und Barmherzigkeit Gottes schrieb, glaubte er, dass er selbst verdammt war.

Cowpers Mutter starb, als er sechs Jahre alt war, und er wurde in ein Internat gegeben. Schon früh in seinem Leben erfuhr er, was Ablehnung heißt. Er kannte das Gefühl, wertlos zu sein, nur dazusein, um von Gott und Menschen abgelehnt zu werden. Niemand sehnte sich mehr als er danach, von Gott angenommen zu werden; und niemand war überzeugter, diese Annahme niemals erfahren zu können. Er unternahm seinen ersten Selbstmordversuch, als er in seinen Dreißiger Jahren stand. Er versuchte *Laudanum* zu trinken, eine Opiumtinktur, von der er meinte, dass sie ihn für immer einschlafen ließe, doch er brachte es nicht über sich, sie zu trinken. Später versuchte er, sich mit einem Federmesser umzubringen, doch das Messer brach ab. Als Nächstes versuchte er, sich zu erhängen, doch der Gürtel riss, und er fiel zu Boden. Über diesen Vorfall schrieb er: »Obwohl mein Plan fehlgeschlagen war, hatte ich doch noch all die Schuld, die auf mir lag. Ich war mir des Zornes Gottes bewusst und war verzweifelt, weil ich ihm entkommen wollte.«

Cowper war überzeugt, dass er die Sünde begangen hatte, die nicht vergeben werden kann. In seiner Verzweiflung schrieb er ein Gedicht mit dem Titel:»Zeilen, geschrieben mit verwirrten Sinnen.« Er beschrieb Zeiten schrecklicher Finsternis, Schmerzen und wilder, unzusammenhängender Gedanken. Sein Bewusstsein für seine Sünde und das nahende Gericht waren überwältigend.

Er wurde in eine Anstalt für Verwirrte eingewiesen, wo er schreckliche Visionen hatte und Stimmen hörte. Durch weise Seelsorge konnte sich sein Zustand etwas festigen, und er plante sogar eine Heirat. Doch später erlitt er einen zweiten Anfall von Verwirrung.

John Newton, der Autor des Liedes»O Gnade Gottes, wunderbar«, lud Cowper ein, bei ihm zu wohnen. Dort dachte Cowper, der an Verfolgungswahn litt, dass man sein Essen vergiften wolle. Und wieder unternahm er einen Selbstmordversuch, weil er dachte, er höre Gottes Stimme, wie sie ihn für seine fehlgeschlagenen Versuche, seinem Leben ein Ende zu setzen, verurteilte. Er schrieb über die Gnade Gottes, und war doch der Ansicht, dass er davon ausgeschlossen sei.

Newton versuchte, ihn durch vernünftige Argumente aus seiner Verzweiflung herauszuholen, doch es nützte nichts. Und obwohl seine Kämpfe gegen die Depression immer heftiger wurden, verfasste Cowper weiter Verse, die die Wunder des Evangeliums beschreiben. Er schrieb Lieder, die in William Wilberforths Feldzug gegen die Sklaverei benutzt wurden, und er ehrte Gottes Souveränität über alle Machenschaften der Menschen.

Schließlich, nachdem er einen weiteren Anfall gehabt hatte, schrieb er keine Lieder mehr. Obwohl er glaubte, dass er von Gott durch einen Ratschluss der Vorsehung zur Verdammnis verurteilt war, hielt er sich an der Hoffnung fest, dass Gott eines Tages einlenken und seine Meinung ändern würde. Seine letzten sechs Jahre verbrachte er damit, dass ihn des Nachts schreckliche Träume und tagsüber Depressionen quälten. Er starb in dem Glauben, zur Hölle verurteilt zu sein.

Wir würden uns wünschen, dass diese Geschichte ein *Happy End* hat. Es wäre sicherlich wundervoll gewesen, wenn Cowper noch vor seinem Tod Frieden und Gewissheit gefunden hätte. Wir wünschten ihm, dass er den Frieden erfahren hätte, nach dem er sich so sehnte. Leider war es nicht so. Er, der Gottes Gnade verstand, schwankte, als er sie für sich selbst in Anspruch nehmen sollte.

Cowpers Freunde hatten keinen Zweifel an seinem Christsein, insbesondere wegen seines standhaften Aushaltens, seiner Ehrlichkeit und des tiefen Wunsches, Gottes Willen zu tun, ganz gleich, was es ihn kosten sollte. Mit anderen Worten, dies war ein Fall, in dem die guten Werke ein Zeugnis der Erlösung waren, und es ist ein Beispiel dafür, wie wir das Handeln Gottes an einem Gläubigen sehen können, selbst wenn er selbst dazu nicht in der Lage ist.

Wer anders als ein Mensch, an dem Gott vollmächtig handelt, würde sich so eifrig danach ausstrecken, in den Kreis der Barmherzigkeit Gottes eingeschlossen zu werden? Wer anders als ein Gläubiger könnte über die Gnade Gottes schreiben, auch wenn er meinte, dass er nicht zu den Bevorzugten gehörte? Wer anders als ein Gläubiger würde Gottes Recht zum Gericht so vehement verteidigen, auch wenn er der Meinung wäre, selbst diesem Gericht verfallen zu sein?

Natürlich können wir nicht sicher sein, denn nur Gott kennt das menschliche Herz. Aber es ist sicher möglich, dass Cowper gläubig war, denn wie wir schon an anderer Stelle gesehen haben, gibt es viele Menschen, die errettet sind, aber nicht die persönliche Gewissheit haben.

Es gibt keine tiefere Verzweiflung, keine schlimmere Depression als die Überzeugung, dass man, aus welchem Grund auch immer, nicht erlöst werden könne.

Es ist meine stille Hoffnung, dass Sie, wenn Sie dieses Kapitel zu Ende gelesen haben, erlöst sind, und es auch wissen. Und wenn Sie es schon wissen, dann bete ich darum, dass Ihre Gewissheit noch größer wird.

Ein Mann, der sich einer Herzoperation unterziehen musste, war ganz zuversichtlich und glaubte, dass er die Operation schon erfolgreich überstehen würde. Doch in der Nacht vor der Operation wurde ihm doch angst und bange, was wohl passierte, wenn er sich unter das Messer begeben würde.

»Ich dachte, du seist sicher, alles würde in Ordnung gehen«, versuchte seine Frau ihn aufzumuntern.

»Ich bin mir sicher, dass alles gut gehen wird«, antwortete er. »Doch ich bin mir nicht sicher, dass ich *sicher* bin!«

Ja, wir mögen sicher sein, in den Himmel zu kommen, wenn wir sterben. Aber das Problem ist, dass wir nicht sicher sind, dass wir sicher sind!

Wir haben früher schon erwähnt, dass einige Menschen, die ihre Errettung bezweifeln, guten Grund dafür haben: Sie haben niemals den erlösenden Glauben erlebt. Für sie sind Zweifel hilfreich, denn diese können dazu führen, ihren Glauben zu hinterfragen. Zweifel kann, wenn er recht angewandt wird, ein Diener der Wahrheit sein. Natürlich wird der beständige Zweifel eines Skeptikers, der sich Jesus auf Armeslänge vom Leib hält, zur Verdammnis führen. Doch der Zweifel des ehrlichen Suchers kann zur Gewissheit führen. Wir müssen unsere Zweifel analysieren und aus ihnen lernen.

Gründe für den Zweifel

Warum zweifeln einige echte Gläubige?

Unsicherheit bezüglich des Zeitpunktes ihrer Bekehrung
Die meisten Christen können einen Tag und eine Stunde angeben, wann sie zum rettenden Glauben an Christus gefunden haben. Andere, meist solche, die in einem christlichen Elternhaus aufgewachsen

sind, glauben vielleicht schon so lange an Christus, dass sie sich nicht mehr erinnern können, wann sie die Linie überschritten haben und »wiedergeboren« worden sind.

»Ich bin nicht errettet, aber meine Eltern sagen mir, ich sei es«, sagte eine junge Frau zu mir. »Ich kann mich ja nicht einmal daran erinnern, wann ich Jesus als meinen Heiland angenommen habe.« Sie brauchte diesen einen Rat: Es ist möglich zu wissen, dass die Sonne scheint, ohne den Zeitpunkt ihres Aufgangs zu kennen!

Es geht nicht um die Frage, ob wir uns an den Tag oder die Stunde in der Vergangenheit erinnern können, sondern ob wir in der Gegenwart an Christus glauben. Sind wir *jetzt* davon überzeugt, dass Christus alle Verpflichtungen für uns beglichen hat, als er am Kreuz starb? Und wenn nicht, warum sollten wir Jesus nicht lieber jetzt gleich als den Begleicher unserer Schuld annehmen, anstatt sich über die Vergangenheit Gedanken zu machen? Wir können die Vergangenheit nicht mehr ändern, doch wir können unseren jetzigen Glauben an Jesus anerkennen.

Zu dieser fehlenden Gewissheit trägt oftmals die Lehre bei, dass wir »Jesus in unser Herz aufnehmen müssen«, ein Ausdruck, der sich so nicht in der Bibel findet. Ich habe gerade einen Bericht von einem Mann gelesen, der dreimal im Jahr »Jesus als seinen Retter annahm«! Auch ich selbst habe als Kind jeden Abend vor dem Schlafengehen ein Gebet gesprochen, um »Jesus anzunehmen«, und trotzdem hatte ich keine Sicherheit. Jeden Abend vor dem Schlafengehen wiederholte ich das Gebet, doch nichts veränderte sich. Ich dachte, ich sei verdammt.

Wir sollten uns die Frage stellen: Warum müssen wir »Jesus in unser Herz aufnehmen«? Welchen Unterschied macht das aus, wenn es wirklich geschieht? Wie will Jesus in unserem Herzen unsere Beziehung zu Gott in Ordnung bringen? Wie werden wir wissen, dass es geschehen ist? Der Ausdruck ist jedenfalls reichlich verwirrend.

Das Evangelium besteht nicht in erster Linie darin, dass Jesus in meinem Herzen ist (obwohl das auch stimmt), sondern darin, dass Jesus meine Schuld beglichen hat. Erst als ich verstanden hatte, dass Christus für mich gestorben ist und diese Tatsache im Glauben angenommen werden muss – und nicht durch Gefühle –, da hatte ich die Gewissheit, von Gott angenommen zu sein. Wenn wir von Jesus als dem Einen sprechen, der starb und unsere Schuld wegnahm, dann hat der Glaube eine objektive Grundlage, ein festes Fundament.

Falsche Lehre

Wenn Ihnen gesagt wurde, dass man heute nicht die Gewissheit haben könne, auch morgen noch gerettet zu sein, oder wenn Sie glauben, dass Sie Ihre Erlösung verlieren können, wann immer Sie nicht mehr glauben oder in Sünde fallen, dann haben Sie keinerlei Aussicht auf Gewissheit.

Aus diesem Grunde versuchte ich in einem früheren Kapitel die Lehre von der Gewissheit der Gläubigen zu erklären. Wenn wir nicht sicher sind, dass unsere Beziehung zu Gott auf ewig sicher ist, dann ist es sehr schwer, im geistlichen Leben zu wachsen. Wir müssen die Gewissheit haben, dass wir nicht verloren gehen, wenn wir wirklich glauben.

Die Macht der Schuldgefühle

Ich bekomme viele Briefe von Leuten, die meinen, dass sie die Sünde begangen haben, die nicht vergeben werden kann. In ihrem Hinterkopf scheint ständig eine Stimme zu flüstern: »Wenn du wirklich Christ wärst, dann hättest du das nicht getan, ... du hättest nicht so reagiert!«

Diese Zweifler sollten sich vor Augen halten, dass es möglich ist, dass Christen schlimme Dinge tun. Wenn das geschieht, dann züchtigt Gott die Seinen, aber er wirft sie nicht hinaus. Sogar ihr Schuldgefühl kann ein Teil von Gottes Züchtigung sein, wodurch er versucht, die Beziehung wieder in Ordnung zu bringen.

Schuldgefühle werden von Gott nur benutzt, bis seine Kinder Buße tun. Danach sind sie fehl am Platz, und Satan, der *»Verkläger der Brüder«* nutzt sie aus. Er schürt gerne die Zweifel der Gläubigen.

C. S. Lewis lässt in seinen »Briefen an einen Unterteufel« den Oberteufel seinem Neffen Anweisungen geben, wie er Christen dazu bringen kann, ihr Vertrauen auf Gott zu verlieren. Er sagt, die beste Methode bestehe darin, sie nicht mehr an Gott denken zu lassen, und sie stattdessen zu veranlassen, über den Zustand ihrer Seele nachzugrübeln. Sie müssten sich unbedingt mit all ihren Gefühlen und Zweifeln beschäftigen, sie sollten sich in Unsicherheiten verlieren, so dass sie entmutigt seien.

Um zum Thema der »Sünde, die nicht vergeben werden kann« zurückzukommen: Sie wird nur von Ungläubigen begangen, die ihre Herzen gegen Gott verhärtet haben. Denjenigen, die Gottes Vergebung suchen, können wir getrost die Gnade zusprechen. Aus diesem Grund wird oft gesagt, dass diejenigen, die sich Sorgen machen, ob sie vielleicht die unvergebbare Sünde begangen haben, dies mit an Sicherheit grenzender Wahrscheinlichkeit *nicht* getan haben.

Diejenigen, die diese Sünde *begangen* haben, haben meist ihr Gewissen vergewaltigt und machen sich wegen ihrer Rebellion gegen Gott gar keine Gedanken. Sie haben nicht das Verlangen, Gott um Vergebung zu bitten. Sie würden dieses Buch sicherlich nicht in die Hand nehmen!

Verwechslung von Glaube und Gefühl

Manche Leute meinen, dass errettender Glaube sich in einer geistlichen Erfahrung bemerkbar macht, die sie mit überwältigender Freude und unaussprechlichem Frieden erfüllt. Das geschieht manchmal, aber sehr häufig auch nicht. Wir müssen daran denken, dass der Glaube und nicht das Gefühl die Grundlage unserer Gewissheit ist. Martin Luther wurde einmal gefragt, ob er sich errettet fühle. Er antwortete:»Nein, ich fühle mich nicht errettet, doch mein Vertrauen auf Christi Verheißung ist größer als mein Zweifel!« Und das ist immer noch die Grundlage der Gewissheit – der Glaube, dass Jesus nicht gelogen hat, als er sagte, dass wir an ihn glauben und dadurch gerettet werden könnten.

Die Folgen persönlicher Auflehnung gegen Gott

Wir alle sind schon Christen begegnet, die zweifeln, weil sie sich von dem abgewendet haben, was sie als richtig erkannt hatten. Verständlicherweise ist der Heilige Geist wegen ihrer Sünde betrübt, und sie haben keinen Frieden mit Gott. Erst kürzlich habe ich mit einem Homosexuellen gesprochen, der sagte, er habe Jesus im Alter von zwanzig Jahren angenommen, nur um sich dann einem Leben ungezügelter Sittenlosigkeit hinzugeben. Er wurde so böse auf Gott, dass er sogar darum betete, dass Gott die Schriftverse aus seinem Gedächtnis auslöschen möge, die er auswendig gelernt hatte. Zehn Jahre lang unterdrückte er die Mahnungen des Heiligen Geistes.

Doch in den vergangenen Monaten hat er Buße getan und ist »sauber« geworden. Er hat seinen homosexuellen Lebensstil aufgegeben, und spricht offen von Gottes Befreiung von diesem »Berg von Schuld«, wie er es nannte. Er berichtet auch von der wundervollen Freude der Gewissheit – dem Wissen, dass er für immer zu Gott gehört. Diese Gewissheit war ihm während seiner Rebellion gegen Gott verloren gegangen. Ob er nun während dieser Zeit ungezügelter Fleischlichkeit ein Kind Gottes war oder nicht (wer von uns kann das schon beurteilen?), jedenfalls verlor er die Gemeinschaft mit seinem Vater im Himmel. Die Gewissheit ist in unserem Herzen dann am größten, wenn unser Glaube lebendig ist.

Chronische Zweifler

Schließlich gibt es noch die Menschen, die wie Cowper zu chronischen Zweiflern geworden sind. Sie verlieren sich in der Selbstanklage, und es ist ihnen praktisch unmöglich, von sich weg auf Christus zu schauen. Sie können die Wunder der Gnade Gottes nicht ergreifen und nicht verstehen, dass Jesu Werk ihnen angerechnet wird. Aus irgendeinem Grunde meinen sie, zu große Sünder zu sein, um errettet zu werden. Und doch glauben sie. Sie klammern sich an Christus und liefern sich seiner Gnade aus. Sie vertrauen, aber sie sind nicht überzeugt. Sie hoffen und haben doch keine Gewissheit. Sie haben keine innere Zuversicht. Es sind die William Cowpers dieser Welt.

Warum sind sie errettet? Weil sie diese Voraussetzung akzeptieren: Wenn sie überhaupt errettet werden können, dann durch Gottes Gnade in Christus. Ihr Glaube schwankt, doch ist er auf die richtige Person gerichtet. Was immer sonst über Cowper zu sagen ist, er gab sich nie der Illusion hin, dass er durch ein gutes Leben und durch die Zusammenarbeit mit Gott errettet werden könne. Es ist viel besser, an die Gnade mit zitterndem Herzen zu glauben, als voller Selbstvertrauen an seine eigenen Werke.

Solche Zweifler geben oft Zeugnis von ihrer Errettung, weil sie das große Verlangen haben, Christus in allem zu gefallen. Obwohl sie der Meinung sind, von Gott zurückgewiesen zu werden, ist ihr größtes Verlangen, dass er geehrt wird. Das ist ein weiterer Beweis für das Handeln Gottes an ihnen. So wie Mose, der nicht wusste, dass sein Gesicht leuchtete, als er von dem Berg kam, obwohl das Volk Israel es sehr wohl bemerkte (2Mo 34,29-30), so sehen wir oft das Leben Christi an Gläubigen, auch wenn diese selbst es nicht erkennen können. Die Zeichen der Gnade finden sich oft im Leben von bedrängten Seelen, auch wenn sie selbst keine Gewissheit dieser Gnade haben. Diese Zweifler sind von solchen zu unterscheiden, die aus Eigenwillen zweifeln und sich zum Unglauben entschieden haben. Uns allen sind schon Ungläubige begegnet, die die Hände über der Brust falten, sich in ihrem Sessel zurücklehnen, eine Haltung der Überlegenheit annehmen und voller Selbstvertrauen sagen: »Du kannst mich nicht überzeugen!« Sie sind für den Glauben verschlossen.

Cowper zweifelte nicht aus eigenem Antrieb. Er hat es sich nicht ausgesucht, nicht zu glauben. Er sehnte sich nach dem Glauben und war der Meinung, nicht glauben zu können. Obwohl er die Gnade Gottes mit zitternder Hand festhielt, glaube ich, dass er trotzdem das Ziel erreicht hat. Für solche Menschen gibt es Barmherzigkeit.

Es besteht ein großer Unterschied zwischen schwachem Glauben und einem Irrglauben. Wir mögen nicht so fest an die Wahrheit des Evangeliums glauben wie zum Beispiel der Apostel Petrus. Und doch gilt, wie Luther betonte:

> »Zwei Menschen halten ein Glas Wein in ihrer Hand. Die Hand des einen zittert, die des anderen nicht. Zwei Menschen haben eine gefüllte Börse in der Hand, der eine mit schwacher, der andere mit starker Hand. Ob die Hand schwach oder stark ist, verändert nicht den Inhalt der Börse. So ist der einzige Unterschied zwischen mir und dem ›heiligen Petrus‹, dass er den Schatz fester in der Hand gehalten hat.«

Sogar ein schwacher Glaube errettet, wenn er sich auf Jesus allein gründet. Doch ein Irrglaube führt ins Gericht, auch wenn man noch so fest glaubt. Diejenigen, die sich an ihre guten Taten oder ihren falschen Erlöser klammern, werden verurteilt, ganz gleich, wie sehr sie vertrauen. Es gibt schließlich keinen Retter außer dem Herrn Jesus Christus.

Hilfe für Zweifler

Hier nun noch einige Prinzipien, die uns persönlich helfen, unsere Zweifel zu beseitigen, oder die uns die Richtung weisen, wenn wir anderen Menschen helfen wollen, die um Gewissheit kämpfen.

Finden Sie den Grund des Zweifels heraus

Wenn es stimmt, wie jemand gesagt hat, dass »derjenige nie geglaubt hat, der nicht schon gezweifelt hat«, dann müssen Zweifel als etwas Gesundes angesehen werden, wenn sie uns in die Richtung auf den Glauben weiterführen.

Wenn der Zweifel richtig angewendet wird, dann führt er dazu, dass man Vorstellungen untersucht, hinterfragt und erprobt. Alister McGrath hat es so ausgedrückt: »Nehmen wir an, Sie wollen die Sterne sehen oder die Milchstraße. Das geht im vollen Tageslicht natürlich nicht. Sie müssen warten, bis es dunkel ist. Die Sterne brauchen die Dunkelheit nicht, um zu existieren, aber wir brauchen die Dunkelheit, um sie zu sehen. Wir können von der Existenz der Sterne hören, aber nur in der Nacht können wir sie erkennen. Oftmals ist es genauso, dass wir Gott nur in der Dunkelheit sehen können.«

Es ist interessant, dass diejenigen, die die schlimmsten Zweifel hatten, oft mit dem stärksten Glauben daraus hervorgehen. Wir sollten so weit als möglich eine Atmosphäre schaffen, in der Zweifel offen ausgesprochen werden können. Viele Kinder wachsen in christlichen Elternhäusern mit der Vorstellung auf, dass Zweifel Unglaube bedeutet, und dass Unglaube in die Hölle führt.

Offensichtlich will uns Gott durch unsere Zweifel das Licht der Gewissheit schenken. Doch der Ausgangspunkt besteht darin, unseren Zweifeln Ausdruck zu verleihen, über das zu sprechen, was uns am Glauben hindert.

Manche Leute kämpfen mit Zweifeln an Tatsachen. Sie hinterfragen die Verlässlichkeit der Bibel und die Grundlagen des christlichen Glaubens. Diese Menschen brauchen Unterweisung in der *Apologetik*, der logischen Verteidigung des christlichen Glaubens. Es sind schon viele Bücher geschrieben worden, die das Christentum gegenüber bestimmten Vorstellungen verteidigen. Natürlich können wir das Christentum nicht mit mathematischer Gewissheit beweisen. Doch wir können überzeugende Gründe anführen, die einem aufrichtigen Zweifler ausreichen, aber nicht einem unaufrichtigen.

Es gibt keine Formel, um mit Zweiflern fertig zu werden. Jemand hat gesagt:»Wir werden mit einem Fragezeichen im Kopf geboren.« Jeder Mensch kommt mit seinen eigenen Fragen, Vorstellungen und Gründen, warum er *nicht* glaubt. Wir können keinen Menschen zum Glauben bringen, denn das kann nur der Heilige Geist. Wir können aber Missverständnisse ausräumen, Fragen beantworten und Menschen Mut machen, dem Evangelium eine Chance zu geben.

Zweifel müssen ernst genommen werden. Denken Sie immer daran, dass es Menschen gibt, die meinen, dass sie dem Evangelium glauben, aber es in Wahrheit nicht tun, während andere, wie etwa Cowper, vielleicht Zweifel haben und dennoch glauben.

Zeigen Sie, wie groß Gott ist

Bei denjenigen, die wegen der Größe ihrer Sünde zweifeln oder Angst haben, dass sie schon über Gottes Barmherzigkeit hinweg sind, sollten wir nie das Ausmaß der Sünde des Einzelnen verharmlosen. Seien wir dankbar, wenn Menschen ihre Sünden als das erkennen, was sie sind.

Denjenigen, die an einem übersensiblen Gewissen leiden, wird oft gesagt:»Die Sünde ist schon nicht so schlimm – es gibt Leute, die weitaus Schlimmeres getan haben.« Das mag sein und sogar auch ein leichter Trost, aber den Zweifler vermag das nicht zu überzeugen. Seine Sünde erscheint ihm wie ein riesiger Berg, ein Hindernis, das zu groß ist, als dass Gott es überwinden könnte.

Was sagen wir denn einem Kinderschänder, der täglich mit dem Wissen leben muss, dass er das Leben anderer zerstört hat, vielleicht sogar für immer? Kürzlich schrieb mir ein Mann im Gefängnis, der wegen Vergewaltigung einsaß und fragte, wie er von der Schuld der Vergangenheit befreit werden könne. Ich habe seine Sünde nicht herabgespielt, sondern ihm die Größe der Gnade gezeigt! Ich erklärte ihm, warum der einzige Platz, an dem man die Bürde einer solchen Sünde loswerden kann, die Gegenwart Jesu ist. Er ist ein Freund der Sünder.

Am 21. August 1544 schrieb Martin Luther einen Brief an einen seiner treuen und vertrauenswürdigen Mitarbeiter, Georg Spalatin, der einem Freund einen Rat gegeben hatte, den er aber im nachhinein als Sünde erkannte. Weil er der Meinung war, dass sein Vorschlag viel Unheil anrichten würde, war Spalatin von Schuldgefühlen und Reue überwältigt. Er wollte sich kaum trösten lassen.

Luther schrieb ihm. Er hat seine Sünde nicht verharmlost, sondern gezeigt, dass Christus auch für den größten Sünder genug getan hat.

»Meine treue Forderung und Ermahnung ist es, dass du in unsere Bruderschaft kommst und dich mit uns verbündest, die wir echte, große und hartgesottene Sünder sind. Du darfst keinesfalls denken, dass Christus uns armselig oder geringfügig erscheine, als ob er nur unser Helfer sein könne, wenn wir von eingebildeten, winzigen und kindlichen Sünden befreit werden wollten. Nein, Nein! Das würde für uns auch gar nicht reichen. Er muss ein Erlöser und Heiland von echten, großen, bedenklichen und verdammungswürdigen Übertretungen und Sünden sein, ja, für die größten und schrecklichsten Sünden, um es kurz zu machen aller Sünden, die wir in einer großen Summe zusammenziehen. ... Du wirst dich an den Glauben gewöhnen müssen, dass Jesus ein echter Heiland und Du ein echter Sünder bist. Denn Gott scherzt nicht oder beschäftigt sich mit Nichtigkeiten, sondern es war ihm wirklich und ganz gewiss ernst, als er seinen eigenen Sohn in die Welt sandte und ihn um unseretwillen opferte.«

Christus kam nicht nur, um Sünder zu retten, die in christlichen Familien aufgewachsen sind, und deren größtes Verbrechen darin bestanden hat, im Zorn ein Spielzeug zerschlagen zu haben. Nein, er kam, um große Sünder zu retten, Kinderschänder und Vergewaltiger. Jesus ist nicht nur ein Erlöser für die Biedermänner. Er ist ein echter Erlöser für echte Sünder.

Satan will, dass wir meinen, dass unsere Sünde größer ist als Gottes Gnade. Wir dürfen nie vergessen, dass die Gnade in *Gottes* Herzen größer ist, als die Sünde in unserer Vergangenheit. Gott hat unsere Sündhaftigkeit vorausgesehen und ist sehr wohl in der Lage, jedem zu vergeben, der auf seinen Sohn vertraut.

Lehren Sie, dass Gott ein Vater ist

Kürzlich sprach ich mit einem jungen Mann, dessen Vater ganz streng auf Disziplin hielt, ein Mann, dem sein Sohn nichts recht machen konnte. Nimmt es wunder, dass dieser junge Mann um Gewissheit kämpfte, ganz gleich wie lange und beharrlich er Gott anrief? Wenn die menschliche Liebe, die wir erfahren, immer auf Vorbedingungen basiert, wenn wir den tiefen Schmerz der Ablehnung erfahren haben, dann neigen wir zu dem Denken, dass Gott genauso wie derjenige ist, der uns den Rücken gekehrt hat.

Ich bin sicherlich nicht qualifiziert genug, um Cowpers geistliche Kämpfe zu diagnostizieren, aber ich würde annehmen, dass die Wurzel seiner Zweifel in der Ablehnung liegt, die er als Kind erfahren hat. Wie viele misshandelte Kinder fühlte er sich hilflos, unwürdig der Liebe Gottes und dessen persönlicher Aufmerksamkeit.

Ich bin schon mehr als einem Menschen begegnet, der mich gefragt hat: »Ich hatte einen irdischen Vater, der mich misshandelt hat. Wie kann ich einem himmlischen Vater vertrauen?« Gott will uns durch solche Zeiten des Zweifels führen und trotz unserer Vergangenheit unser Vertrauen auf ihn wecken.

Wir müssen Menschen helfen zu verstehen, dass Gott nicht ein Mensch ist. Wenn er seinem Volk etwas verspricht, dann kann man darauf zählen, dass er es auch hält. Er freut sich nicht daran, Kinder zu haben, die ständig seine Vaterschaft bezweifeln.

Cowper rang auch mit einem theologischen Problem, das er nicht richtig lösen konnte. Er wuchs in einer Zeit auf, in der die Lehre von der Erwählung durch Gott betont wurde, nämlich die Vorstellung, dass Gott derjenige ist, der bestimmt, wer gerettet wird, und den Rest verloren gehen lässt. Cowper war der Ansicht, dass er nicht würdig genug sei, um unter die Erwählten gezählt zu werden. Er dachte aus irgendeinem Grund, dass die Erwählung ihn von den Wundern der Liebe Gottes ausschloss.

Offensichtlich verstand er nicht, dass wir herausfinden können, ob wir zu den Erwählten gehören. Wir können dies tun, indem wir zu Christus kommen und seine Liebe und Gnade erfahren. Wenn wir das tun, dann ist es ein Beweis dafür, dass Gott uns zu sich selbst hingezogen hat. Beachten Sie, wie Jesus das souveräne Erlösungswerk Gottes mit der Versicherung verbindet, dass alle, die zu ihm kommen, angenommen werden. »Alles, was mir der Vater gibt, wird zu mir kommen, und wer zu mir kommt, den werde ich nicht hinausstoßen« (Joh 6,37). Cowper hätte in der Tatsache Trost finden können, dass das Evangelium allen Menschen angeboten wird.

Niemand, der Gottes Gnade in Christus empfangen will, wird je davon ausgeschlossen. Ganz gewiss gilt: »Jeder, der den Namen des Herrn anrufen wird, wird errettet werden« (Röm 10,13). Wenn Cowper nur verstanden hätte, dass die Gnade auch ihm galt, weil er so gerne glauben wollte! Wie der Prediger Spurgeon mit großer

Weitsicht gesagt hat: »Wer sich darüber Sorgen macht, ob er zu den Erwählten gehört, ist ganz sicher einer der Erwählten.«

Empfangen Sie Ermutigung von anderen

Oftmals ermutigt es Menschen, die von Zweifeln geplagt werden, zu wissen, dass andere Christen, oftmals berühmte Menschen der Vergangenheit, gezweifelt haben. Nicht nur die Cowpers dieser Welt hatten um ihren Glauben zu kämpfen. Auch einigen biblischen Helden ging es nicht anders.

Johannes der Täufer, ein großer Prediger der Gerechtigkeit, wurde ins Gefängnis geworfen, weil er König Herodes auf den Kopf zugesagt hatte, dass er eine sündhafte Ehe eingegangen war. Das Leid verwandelte Johannes, den Propheten, in Johannes, den Zweifler.

Warum die Zweifel? Erstens musste er Unrecht erleiden. Sein Verbrechen war es, einem König die Wahrheit gesagt zu haben, der erfahren musste, was Gott von seinem Lebensstil hält. Es ist immer schwierig für uns, die Liebe Gottes zu uns mit dem Gefühl zu vereinbaren, verraten worden zu sein, wenn wir zu Unrecht beschuldigt werden. Unser Gerechtigkeitsgefühl verlangt nach Rache. Das ist der Boden, auf dem unsere Zweifel wachsen.

Zweitens war Johannes in Einzelhaft. Er hatte zwar einige Besucher, aber es gibt kaum etwas Demoralisierenderes, als in einer Umgebung überleben zu müssen, in der wir nicht von denen gestärkt werden können, die uns sonst in unserer Not beistehen würden.

Und drittens, und dies ist der wichtigste Punkt, war seine Verhaftung scheinbar ein Bruch des Versprechens, das Gott gegeben hatte. Er deutete einige alttestamentliche Abschnitte so, dass der Messias die Israeliten von der Unterdrückung durch die Besatzermacht Rom befreien würde. Die Gefängnisse würden sich öffnen, die Feinde würden überwunden und das Volk Israel befreit werden.

Gerade erst gestern habe ich unabsichtlich die Lasche eines Briefumschlages abgerissen, den ich eigentlich in die Post geben wollte. Um das abgerissene Stück zu finden, durchsuchte ich den Papierkorb und fahndete vergeblich nach der Lasche, die zu dem zerrissenen Umschlag passen würde. Genauso konnte Johannes das verlorene Teil nicht finden. Die Realität entsprach nicht den Verheißungen. Deshalb schickte Johannes ein paar Jünger zu Jesus und fragte offen: »*Bist du der Kommende, oder sollen wir auf einen anderen warten?*« (Mt 11,3). Er versuchte, so höflich wie möglich zu sein, doch die Frage hätte nicht schärfer oder anklagender gestellt sein können. Er fragte sich im Grunde, ob sich nicht alle geirrt hatten, die Jesus für den Messias hielten.

Christus tadelte Johannes nicht für sein Schwanken. Er hielt ihm auch keine Rede darüber, wie schlimm der Unglaube ist. Er wies Johannes auf die Heilige Schrift hin. Zunächst machte er Johannes darauf aufmerksam, dass es Prophezeiungen gab, die sich erfüllten: »*Geht hin und verkündet Johannes, was ihr hört und seht: Blinde werden sehend, und Lahme gehen, Aussätzige werden gereinigt, und Taube hören, und Tote werden auferweckt, und Armen wird gute Botschaft verkündigt. Und glückselig ist, wer sich nicht an mir ärgern wird!*« (Mt 11,4-6).

Ja, es gab Schriftstellen, die sich wirklich erfüllt *hatten*, auch wenn andere noch nicht erfüllt waren. Johannes erkannte wie die meisten seiner Zeitgenossen nicht, dass der Messias zweimal kommen würde und dass zwischen diesen beiden Kommen Hunderte von Jahren liegen. Ja, Christus *wird* kommen, um die politische Befreiung zu bringen, die das Alte Testament verheißen hat, aber das sollte zu dieser Zeit noch nicht geschehen. Johannes bestand auf einer Erfüllung einer Verheißung, die erst in der Zukunft erfüllt werden sollte.

Zweitens fügte Christus hinzu: »*Und glückselig ist, wer sich nicht an mir ärgern wird!*« (V. 6). Jesus sagte damit, dass diejenigen gesegnet würden, die auch dann noch glauben, wenn er nicht alle ihre Erwartungen erfüllt. Ja, es gab Gründe, warum manche durch ihn zu

Fall gebracht wurden, aber diejenigen, die glaubten, auch wenn sie enttäuscht wurden, die sollten gesegnet werden.

Es ist interessant, dass Jesus an der Stelle, wo Johannes der Täufer zweifelt, ihn für sein Werk lobt: *»Wahrlich, ich sage euch, unter den von Frauen Geborenen ist kein Größerer aufgestanden als Johannes der Täufer; der Kleinste aber im Reich der Himmel ist größer als er«* (Mt 11,11). F. B. Meyer sagt dazu: »Der Meister scheint hier zu sagen, dass der Himmel das Urteil sprechen wird, nicht wegen einer einzelnen Stimmung eines Menschen, sondern über seine gesamte Lebenshaltung.« Danach wird Johannes enthauptet und geht von diesem Leben in das nächste.

Und was sollen wir vom Jünger Thomas halten? Er war ein Pessimist, er hatte immer das Gefühl, dass schließlich doch alles schiefgehen würde. Zufällig war Thomas an dem Tag nicht dabei, als Jesus den anderen Jüngern im Obergemach erschien. Als die Jünger Thomas sahen, riefen sie: *»Wir haben den Herrn gesehen!«* Thomas hätte das glauben müssen, denn er hatte die Aussage von zehn zuverlässigen Augenzeugen. Und noch mehr, er kannte Jesus und hatte die Wunder gesehen, die er vollbracht hatte.

Aber Thomas antwortete: *»Wenn ich nicht in seinen Händen das Mal der Nägel sehe und meine Finger in das Mal der Nägel lege und lege meine Hand in seine Seite, so werde ich nicht glauben«* (Joh 20,25). Acht Tage später erfüllte ihm Jesus gnädig seinen Wunsch. Thomas war so ehrlich, die Wahrheit anzuerkennen, als die Beweise unwiderlegbar waren. Er rief aus: *»Mein Herr und mein Gott!«*

Lassen Sie mich Sie ermutigen, indem ich sage, dass Ihr Name in der Bibel stehen könnte. Jesus sagte zu Thomas: *»Weil du mich gesehen hast, hast du geglaubt. Glückselig sind, die nicht gesehen und doch geglaubt haben«* (V. 29). Wir könnten das so übersetzen: »Gesegnet seid ihr, Thomas, Kai, Uwe, Maria und Sabine, weil ihr geglaubt habt, obwohl ihr nicht gesehen habt.«

Wer anders als ein zweifelnder Cowper konnte über Gott schreiben:

> Hinter einer finsteren Vorsehung
> verbirgt Gott sein Lächeln.

Cowpers Leben sollte allen Zweiflern eine Ermutigung sein.

Lektionen für einen stärkenden Glauben

Vor einigen Jahren habe ich einen jungen Pastor interviewt, der später an einem seltenen, schnellwachsenden Gehirntumor gestorben ist. Der Arzt hatte ihm gesagt, dass er nur noch ein paar Monate zu leben hätte, und deshalb tat er alles, was er konnte, um seine Mitmenschen auf das baldige Ende seines Dienstes vorzubereiten. »Sollte einmal der Strom abgeschaltet werden«, sagte er mir, »dann kann man sich im Haus zurechtfinden, weil man darin gelebt hat, als noch Licht da war.« Dann fügte er hinzu: »Ich möchte mit Gott im Licht leben, so dass ich mich zurechtfinde, wenn einmal die Dunkelheit kommt.« Monate später gab er seinen Dienst auf und starb zufrieden, denn er wusste, dass er auch in der Dunkelheit dem treuen Gott vertrauen konnte. Je besser wir Gott im Licht kennen, desto besser sind wir auf die Dunkelheit vorbereitet.

Wir können in unserem Glauben wachsen, wenn wir uns an die folgenden Prinzipien erinnern.

Erstens: *Glaube schließt den Zweifel nicht aus.* Ob Johannes der Täufer, Hiob oder Petrus, der auf dem Wasser ging, alle glaubten trotz ihrer Zweifel. Der Vater des fallsüchtigen Jungen (Mk 9,20) brachte unsere Zerrissenheit auf den Punkt, als er rief: »*Ich glaube. Hilf meinem Unglauben!*« (V. 24).

Luther sagte: »Glaube ist die freiwillige Hingabe und ein freudiges Setzen auf die unsichtbare, unversuchte und unbekannte Güte Gottes.« Eines Tages wird aus Glauben Schauen werden. Bis dahin mögen wir auf dem Felsen der Verheißungen Gottes zittern, auch wenn der Fels unter uns unerschüttert bleibt.

Zweitens: *Zweifel können zur Gewissheit führen.* Ein Philosoph des 17. Jahrhunderts hat gesagt: »Wenn man mit Gewissheit beginnt, endet man mit Zweifeln, wenn man mit Zweifeln beginnt, endet man mit Gewissheit.« Oder vielleicht sollten wir das ein wenig ändern und sagen, dass Zweifel zur Sicherheit führen sollten. Zweifel können von Gott benutzt werden, um unseren Glauben zu vertiefen, indem er uns zeigt, wie weit wir noch in unserem christlichen Leben fortschreiten müssen. Unsere Glaubenslosigkeit, sagt Paulus, kann an Gottes Treue nichts ändern (vgl. 2Tim 2,13).

Neubekehrte haben oft ein überwältigendes Gefühl für die Nähe Gottes. Er scheint ihnen näher zu sein als ihr Hemd. Mit der Zeit vergehen diese Gefühle, damit wir lernen, nur auf sein Wort zu vertrauen, ohne die geistlichen Hochgefühle, die wir einmal erlebt haben.

Zweifel machen unseren Glauben für Gott noch wertvoller. Der Glaube, durch den wir an Jesus glauben, ist ein Geschenk Gottes, das er denen versprochen hat, die zum ewigen Leben erwählt sind. Doch Wachstum im Glauben wird überall im Neuen Testament thematisiert. Gerade weil unser Glaube so anfällig für Zweifel ist, ist »*die Bewährung eures Glaubens viel kostbarer erfunden*« worden »*als die des vergänglichen Goldes, das aber durch Feuer erprobt wird, zu Lob und Herrlichkeit und Ehre in der Offenbarung Jesu Christi*« (1Petr 1,7). Unsere Zweifel können eines Tages unseren Glauben reinigen.

Drittens: *Es ist wichtig, Zweifel vor anderen zuzugeben, und zwar besonders vor Gott.* Gott kennt natürlich schon unsere Zweifel, doch indem er uns erlaubt, sie vor ihm zuzugeben, hilft er uns in unserer Not. Zum Beispiel erinnert sich David in Psalm 13 an eine Zeit, in der er sich Gott nahe gefühlt hat, und das hilft ihm, die Furcht zu überwinden, Gott könne ihn verlassen haben.

»Bis wann, HERR? Willst du mich vergessen immerdar? Bis wann willst du dein Angesicht vor mir verbergen? Bis wann soll ich Sorgen hegen in meiner Seele, Kummer in meinem Herzen bei Tage? Bis wann soll sich mein Feind über mich erheben? Schau her, antworte mir, HERR, mein Gott! Mach hell meine Augen, dass ich nicht zum Tod entschlafe! Dass mein Feind nicht sage: Ich habe ihn überwältigt! meine Bedränger nicht frohlocken, wenn ich wanke. Ich aber, ich habe auf deine Gnade vertraut; mein Herz soll frohlocken über deine Rettung. Ich will dem HERRN singen, denn er hat wohlgetan an mir« (Ps 13,2-6).

In Bunyans berühmter Allegorie »Pilgerreise zur seligen Ewigkeit« gehorchen die beiden Männer *Christ* und *Hoffnungsvoll* nicht den Anweisungen, als sie den Pfad zur himmlischen Stadt verlassen und über einen großen Zaun klettern. Dort begegnet ihnen ein schrecklicher Sturm. Sie werden vom Riesen *Verzweiflung* gefangen und in ein Verlies des Schlosses *Zweifel* gesperrt. Hier müssen sie schmachten, bis *Christ* erkennt, dass er die Schlüssel der Verheißungen Gottes hat, die ihn befreien und wieder auf seinen Pfad bringen. Und so geschieht es. Gewissheit erhalten wir nicht, wenn wir auf unsere guten Taten schauen, sondern wenn wir auf die Verheißungen Jesu sehen.

Stellen Sie sich vor, draußen scheint die Sonne, aber Sie sind in einem verdunkelten Zimmer. Die Jalousie vor Ihnen hindert die Sonne daran, Licht hereinzubringen. Wir werden nicht aufgefordert, das Licht und die Wärme der Sonne zu erzeugen. Das ist schon längst geschehen. Unsere einzige Aufgabe, die wir jedoch erfüllen *müssen*, besteht darin, die Jalousie zu öffnen und mit dem hilflosen Eingeständnis zu Christus zu kommen, dass er allein uns retten kann.

Wenn Cowper wirklich gläubig war – und wir haben allen Grund, davon auszugehen –, dann hatte er deshalb keine Gewissheit, weil er einfach die Gnade Gottes nicht sehen konnte. Obwohl die meisten

Christen mehr Glauben als Zweifel haben, hatte Cowper mehr Zweifel als Glauben. Gott sei Dank richtete er seinen schwankenden Glauben auf Jesus. Besser wenig Glauben an Christus als den festen Glauben an unsere Werke oder andere Gnadenmittel. Zu schade, dass es ihm nicht gelang, die Jalousie zu öffnen!

Eines Tages rief mich einmal ein verzweifelter Mann an und sagte mir, dass er schreckliche Angst habe, kein Christ zu sein, und er glaube, dass er für ewig verloren gehen würde und einfach nicht glauben könne. Dieser moderne Cowper hielt die Gnade auf Armeslänge von sich entfernt, indem er immer wieder betonte, er habe »versucht, zu glauben«, aber er könne es einfach nicht.

Er war der Meinung, dass alle seine Zweifel verschwunden sein müssten, wenn er zu Jesus kommen würde. Ich erklärte, dass er mit all seinen Zweifeln, so wie er war, zu Christus kommen dürfe. So klein sein Glaube auch war, er brauchte ihn nur auf den zu richten, der ihn erretten konnte.

Aber als ich ihn bat, mit mir zu beten, hängte er auf und sagte gerade noch, er sei noch nicht bereit, zu Jesus zu kommen. Ich weiß nicht, warum er mit seinen Zweifeln nicht zu Jesus kommen wollte. Ich bin der Meinung, dass jemand, der so besorgt um sein Seelenheil ist, doch froh sein müsste, mit seinen Nöten zu Jesus kommen zu können.

Könnte es wohl sein, dass der echte Grund war, dass er einfach nicht glauben *wollte*, so sehr er auch verzweifelte? Trotz seinem ausgesprochenen Wunsch, erlöst zu werden, schien er mir doch jemand zu sein, der zweifeln wollte, jemand, der trotz aller Schuldgefühle beschlossen hatte, lieber nicht zu glauben. Und wenn er nicht glaubt, wird er auch nicht gerettet.

Ein anderer Mann kam zu mir und hatte dieselben Sorgen. Er hatte seine Seele einmal dem Teufel verkauft, und nun war er der Meinung, dass er an sein Versprechen gebunden sei. Er zweifelte sogar daran, dass Jesus wirklich stärker wäre als Satan und ihn aus der Gefangenschaft befreien könnte.

Ich bat ihn, doch so zu Jesus zu kommen, wie er war, mit all seinen Zweifeln. Mit nur wenig Glauben zu kommen, ist besser, als überhaupt nicht zu kommen. Zögernd kommen, ist besser, als sich mit einem Herzen voller Sorgen abzuwenden.

Ich zitierte die Worte, die ich allen sage, eine schöne Strophe aus dem bekannten Lied von Charlotte Elliot:

So wie ich bin, vom Sturm gejagt,
mit bangen Zweifeln oft geplagt;
vom Feind bedroht und sehr verzagt,
oh, Gottes Lamm, ich komm, ich komm.

Der junge Mann kam mit all seinen Zweifeln zu Christus und nahm ihn als den an, der seine Sünden getragen hat. Obwohl er in der Zwischenzeit schon manchen Kampf mit dem Widersacher auszufechten hatte, entdeckte er durch den Glauben, dass er von Gott angenommen ist.

Unglaube verurteilt uns, Zweifel nicht. Gott nimmt die ehrlichen Zweifler an, jedoch nicht die unehrlichen.

Kapitel 8
Ja, aber ...

Wenn Sie unsere Argumentation bis hierhin verfolgt haben, dann haben Sie vielleicht einige Fragen. Gottes Gnade anzunehmen, ist niemals einfach, insbesondere wenn Sie mit der Vorstellung aufgewachsen sind, dass man sich seine Erlösung verdienen muss. Oder vielleicht wurde Ihnen beigebracht, dass das ewige Leben ein Geschenk ist, dass wir aber ständig in der Gefahr stehen, es wieder zu verlieren, wenn wir uns nicht benehmen.

Hier habe ich nun einige der häufigsten Fragen aufgeführt, die mir gestellt werden, wenn ich über das Thema Errettung spreche.

Frage

Was ist mit den Bibelstellen, die scheinbar lehren, dass die Taufe für die Errettung notwendig ist?

Antwort

Obwohl es Menschen gibt, die der Meinung sind, dass ohne dieses Ritual kein Mensch errettet werden kann, hängt unsere Erlösung nicht von der Taufe ab.

Lassen Sie uns immer daran denken, dass die Bibel sich nicht selbst widerspricht. Mehr als hundertmal wird uns gesagt, dass der Glaube an Christus unsere Beziehung zu Gott klärt. Wenn die Taufe notwendig wäre, warum sollte Paulus den Gläubigen in Korinth sagen: *»Ich danke Gott, dass ich niemand von euch getauft habe, außer Krispus und Gajus, damit nicht jemand sage, ihr seiet auf meinen Namen*

getauft worden. Ich habe aber auch das Haus des Stephanas getauft;
sonst weiß ich nicht, ob ich noch jemand getauft habe. Denn Christus
hat mich nicht ausgesandt zu taufen, sondern das Evangelium zu
verkündigen: nicht in Redeweisheit, damit nicht das Kreuz Christi
zunichte gemacht werde« (1Kor 1,14-17).

Der Apostel betont hier zweierlei: Erstens ist er, obwohl die Taufe
wichtig ist, nicht zum Taufen berufen worden, sondern um *»das*
Evangelium zu verkündigen«. Zweitens wird deutlich, dass Paulus
zischen der Taufe und dem Evangelium unterscheidet. Die Taufe
rettet nicht, aber das Evangelium. Als Paulus in 1. Korinther 15,1-8
das Evangelium beschreibt, erwähnt er die Taufe nicht.

Zusätzlich zu Johannes 3,5, worüber wir in Kapitel 4 gesprochen
haben, gibt es noch zwei andere Abschnitte, von denen viele denken,
dass sie lehren, dass die Taufe notwendig für die Erlösung sei. Die
erste Stelle findet sich in Apostelgeschichte 2,38. Am Pfingsttag sagte
Petrus: *»Tut Buße, und jeder von euch lasse sich taufen auf den Na-*
men Jesu Christi zur Vergebung eurer Sünden, und ihr werdet die
Gabe des Heiligen Geistes empfangen.«

Die Erwähnung von Taufe und Buße im selben Vers bedeutet
nicht, dass beide für die Vergebung der Sünde notwendig sind. Ich
könnte z. B. sagen:»Nimm den Schlüssel und den Mantel und starte
das Auto schon mal«, aber das bedeutet nicht, dass man unbedingt
einen Mantel braucht, um ein Auto zu starten, auch wenn der Mantel zusammen mit dem Schlüssel erwähnt worden ist.

Die griechische Grammatik von Apostelgeschichte 2,38 bestätigt
diese Auslegung. Der Satz: *»Und jeder von euch lasse sich taufen*
auf den Namen Jesu Christi« ist eigentlich ein Einschub und steht
im Singular, so dass er vom Rest des Satzes getrennt ist. Die Aufforderung, Buße zu tun steht im Plural ebenso wie der Teil *»zur*
Vergebung eurer Sünden«. Es geht also darum: *»Tut Buße ... zur*
Vergebung eurer Sünden.« Man beachte außerdem, dass Petrus in

Apostelgeschichte 10,43 den Glauben als die *einzige* Voraussetzung für die Vergebung der Sünden nennt.

Ein zweiter Abschnitt, von dem manche meinen, dass er lehre, dass die Taufe zur Erlösung beitrage, wurde von Petrus geschrieben: *»Das Gegenbild dazu errettet jetzt auch euch, das ist die Taufe – nicht ein Ablegen der Unreinheit des Fleisches, sondern die Bitte an Gott um ein gutes Gewissen – durch die Auferstehung Jesu Christi«* (1Petr 3,21). Petrus zieht hier eine Parallele zwischen dem Wasser in der Geschichte von Noah und dem Ritus der Taufe. Noah wurde nicht durch Wasser an sich gerettet, sondern es war sogar ein Mittel des Gerichts. Die Arche rettete ihn, indem sie ihn *»sicher durch das Wasser«* brachte (Übersetzung der *New American Standard Bible*, vgl. Elberfelder: »durchs Wasser hindurch«).

Petrus erklärt weiter, dass das Wasser auch *uns* nicht rettet. Die Taufe rettet, aber es ist nicht die äußerliche Handlung, die das tut (*»nicht ein Ablegen der Unreinheit des Fleisches«*) sondern *»die Bitte an Gott um ein gutes Gewissen – durch die Auferstehung Jesu Christi«* (V. 21).

Was rettet? Die Bitte an Gott um ein gutes Gewissen. Das Wort *»Bitte«* kann auch mit »Antwort« übersetzt werden. Die Menschen dieser Zeit mussten ein Glaubensbekenntnis ablegen, ehe sie getauft wurden, und dies befreite sie von ihrem schlechten Gewissen.

Viele Menschen zur Zeit des Petrus hatten aus Furcht vor Verfolgung Angst, sich öffentlich zu Christus zu bekennen. Wer sich aber öffentlich in der Taufe dazu bekannte, hatte um ein »gutes Gewissen« gebeten.

Um die Parallele noch einmal deutlich zu machen: Nicht das Wasser hat Noah gerettet, sondern er wurde wegen seines Glaubens an Gott sicher durch die Flut hindurchgeführt. Auch rettet das Wasser nicht den Menschen, der getauft wird, sondern das Bekenntnis zur Zeit der Taufe rettet ihn vor einem schlechten Gewissen.

Frage

Es gibt einige Abschnitte, z. B. Hebräer 6, die scheinbar lehren, dass ein Gläubiger in die Sünde abfallen und für immer verloren gehen kann. Wie sollten wir solche Abschnitte verstehen?

Antwort

Echte Gläubige können nicht abfallen und für ewig verloren gehen.

Weil schon ganze Bücher über diese Angelegenheit geschrieben worden sind, will ich hier nur auf einen der umstrittenen Abschnitte eingehen.

In Hebräer 6 schreibt der Verfasser, dass in dem Fall, dass Menschen, die angefangen haben, ein christliches Leben zu führen, und dann abfallen, es »unmöglich ... ist ... *diejenigen, die einmal erleuchtet worden sind und die himmlische Gabe geschmeckt haben und des Heiligen Geistes teilhaftig geworden sind und das gute Wort Gottes und die Kräfte des zukünftigen Zeitalters geschmeckt haben und doch abgefallen sind, wieder zur Buße zu erneuern, da sie für sich den Sohn Gottes wieder kreuzigen und dem Spott aussetzen«* (V. 4-6).

Wir müssen zugeben, dass der Verfasser an dieser Stelle von echten Christen spricht, denn er beschreibt diese Menschen eindeutig (s. Hebr 6,1-3). Nicht alle Kommentatoren sind mit dieser Auslegung einverstanden, doch wenn Sie den Zusammenhang lesen, ist sie am sinnvollsten.

Ja, Gläubige können »abfallen«. Aber bedeutet das, dass sie für immer in der Hölle verloren sind? Der Zusammenhang macht deutlich, dass es dem Verfasser darum nicht ging. Er benutzt nämlich denselben Ausdruck »abfallen« für die Israeliten, die in der Wüste abfielen (Hebr 3,17; vgl. V. 12). Ihr »Abfallen« hatte nichts mit ihrer ewigen Bestimmung zu tun, sondern führte zu irdischer Bestrafung und dem Verlust zeitlicher Segnungen.

Der Hebräerbrief wurde an Menschen geschrieben, die versucht waren, zum alttestamentlichen Opfersystem zurückzukehren. Sie fingen an zu zweifeln, ob Jesus wirklich ausreiche, ob er wirklich all die Rituale und Opfer ersetzt habe, die das Gesetz vorschrieb. Solche Zweifel waren ein Zeichen des Unglaubens und eines verhärteten Herzens. Sich den Opfern des Alten Testaments wieder zuzuwenden war gleichbedeutend damit, *»für sich den Sohn Gottes wieder«* zu *»kreuzigen und dem Spott«* auszusetzen (Hebr 6,6).

Es geht darum, dass sie, solange sie zu den alttestamentlichen Opfern zurückkehrten, nicht zur Buße zurückgebracht werden konnten. Zweifellos konnte ihre Gemeinschaft mit Gott nicht wieder hergestellt werden, *während* sie Lämmer auf dem Altar opferten (*»weil sie für sich den Sohn Gottes wieder kreuzigten«*). Doch sobald sie diese Praktiken wieder aufgaben, gab es keinen Grund anzunehmen, dass die Beziehung zu Gott nicht wiederhergestellt werden könnte. Ja, Gläubige können abfallen, aber nicht in die ewige Verdammnis.

Frage

Was ist mit solchen Abschnitten wie Offenbarung 3,5, wo wir lesen, dass die Namen der Überwinder nicht aus dem Buch des Lebens getilgt werden? Heißt das nicht, dass es Namen gibt, die getilgt werden?

Antwort
Nein, das heißt es nicht.

Erstens sollten wir beachten, dass der Abschnitt die Verheißung enthält, dass Jesus die Namen der Getreuen *nicht* auslöschen wird. Natürlich wird hier die stille Voraussetzung gemacht, dass er unter bestimmten Bedingungen einen Namen austilgen könnte, doch macht man damit eine unnötige Annahme.

Ausleger sagen, dass eine positive Verheißung, die negativ ausgedrückt wird, ein *Litotes* ist, d. h. eine Redefigur, in der eine Tatsache dadurch betont wird, dass man das Gegenteil verneint.

Ein gutes Beispiel dafür finden wir in Johannes 6,37, wo Jesus sagt: *»Alles, was mir der Vater gibt, wird zu mir kommen, und wer zu mir kommt, den werde ich nicht hinausstoßen.«* Was Jesus hier meint, ist, dass er diejenigen willkommen heißt, die zu ihm kommen. Er ist weit davon entfernt jemanden hinauszustoßen, er wird alle, die kommen, bei sich behalten und bewahren. Wir sollten in diesen Abschnitt nicht hineininterpretieren, dass er unter bestimmten Umständen einige *wirklich* hinausstoßen würde, die ihm der Vater gegeben hat.

Gleichfalls hat es nicht mehr Sinn zu fragen, unter welchen Bedingungen Jesus einen Namen aus dem Buch des Lebens auslöscht, als zu fragen, unter welchen Bedingungen er diejenigen hinausstoßen wird, die zu ihm kommen. Keiner von denen, die zu Jesus gehören, wird aus dem Buch des Lebens getilgt.

Frage

Was ist mit den Abschnitten, die lehren, dass Jesus uns verleugnen wird, wenn wir ihn verleugnen? Zeigt das nicht, dass wir unsere Errettung wieder verlieren, wenn wir unseren Teil der Vereinbarung nicht erfüllen?

Antwort

Die meisten Christen verleugnen Jesus nicht, zumindest nicht dauerhaft. Deshalb gab es in der Kirchengeschichte so viele Märtyrer. Auch wenn ein echter Gläubiger Jesus verleugnet, heißt das nicht, dass er seine Errettung verliert. Jesus wird kein echtes Gotteskind je verleugnen, obwohl er einem solchen vielleicht einen Ehrenplatz in seinem Reich verweigern wird.

Gott gibt seinem Volk die Gnade, ihn auch mitten in Verfolgung zu bezeugen. Doch einige Ausleger haben diesen Punkt ein wenig extrem ausgelegt und deuten solche Abschnitte so, dass kein echter Gläubiger jemals Jesus verleugnet. Sie sind der Meinung, dass Gläubige manchmal für kurze Zeit vom Glauben abkommen, sich aber grundsätzlich zu einer tieferen Hingabe an Christus entwickeln. Deshalb, so argumentieren sie, war man nie wirklich errettet, wenn man Christus wirklich leugnet.

Bei allem Respekt, ich kann diese Meinung nicht teilen. Die Geschichte zeigt, dass viele echte Christen Jesus während Verfolgungszeiten verleugnet haben. Und wenn wir ehrlich sind, dann können wir ihn auch durch unser Schweigen oder sogar durch unsere Worte verleugnen, so wie Petrus es in der Nacht vor der Kreuzigung Jesu in Gegenwart einer Magd tat (vgl. Joh 18,15.25-27). Meist kehren wir von einer solchen Haltung bald wieder um, doch ich meine, es wäre naiv zu glauben, dass kein echter Gläubiger je in einem Zustand der Leugnung Jesu gelebt hätte und dann auch gestorben wäre.

Ich denke, wir sind voreilig mit der Annahme, dass man ewig verloren geht, wenn man Jesus verleugnet.

2. Timotheus 2,11-13 spricht sogar von Gottes Treue mitten in unserer Untreue. Wir lesen: *»Das Wort ist gewiss. Denn wenn wir mitgestorben sind, werden wir auch mitleben; wenn wir ausharren, werden wir auch mitherrschen; wenn wir verleugnen, wird auch er uns verleugnen; wenn wir untreu sind – er bleibt treu, denn er kann sich selbst nicht verleugnen.«*

Offensichtlich rechnete Paulus damit, dass Christen *»untreu«* werden können, obwohl das Gottes Treue zu uns nicht ändert. Wenn wir also Verfolgung nicht aushalten, so würde das eher bedeuten, dass wir nicht mit ihm herrschen können, denn dieses Vorrecht wird nur denen gegeben, die in diesem Leben treu geblieben sind.

Wenn wir also in Verfolgung nicht durchhalten, so ist dies eine Form der Verleugnung, und wenn wir ihn verleugnen, dann wird er auch uns verleugnen. Er würde nicht leugnen, dass wir sein Eigentum sind, denn er hält sich an seine Zusagen, aber er wird uns besonderen Lohn und einen Ehrenplatz in seinem Reich verweigern. Das zeigt sich beim untreuen Knecht in Lukas 19,22-24, der nicht das »recht so« seines Herrn hörte, und es wurde ihm auch nicht erlaubt, mit Jesus zu herrschen, obwohl seine Seele erlöst war. Eines Tages wird jeder im Himmel die Fülle haben, aber einigen wird offenbar auf Grund ihrer Treue eine besondere Stellung eingeräumt. (Die Unterschiede in der Belohnung werden in den Briefen des NT nicht genauer ausgeführt. Die deutlichste Beschreibung findet man in 1Kor 3,11-15 [Anm. d. dt. Hrsg.].)

Wir lesen auch, dass Jesus sich unser schämen wird, wenn wir uns seiner schämen (Mk 8,38). Das bedeutet nicht den Verlust des ewigen Lebens, sondern den Verlust an Ehre und Anerkennung in der Gegenwart Christi. Das erklärt auch, warum Johannes uns ermahnt, so zu leben, dass wir bei seinem Kommen nicht beschämt werden (1Jo 2,28, vgl. auch Mk 8,38). Beschämung wird immer im Verhältnis zu unserem Sündenbewusstsein empfunden. Wenn wir verwandelt werden und Sünde wirklich so sehen, wie sie ist, wenn wir »erkennen, wie wir erkannt sind« (vgl. 1Kor 13,12), dann werden wir uns wohl sehr schämen.

Frage

Führt die Lehre von der ewigen Sicherheit nicht zu einem lockeren und unverbindlichen Lebensstil? Wenn Menschen wissen, dass sie auf ewig errettet sind, fehlt ihnen dann nicht die Motivation, ihre Beziehung mit Gott aufrechtzuerhalten?

Antwort

Es gibt immer die Möglichkeit, dass Gnade missbraucht wird. Doch der Gläubige ist durch den Heiligen Geist wiedergeboren worden und hat eine radikale Veränderung erlebt. Gläubige, die die Gnade missbrauchen, werden Gottes Züchtigung erfahren.

Paulus musste die Gläubigen in Galatien warnen, ihre Freiheit nicht zu missbrauchen. Gnade kann missbraucht werden, doch müssen wir uns dabei an zwei Tatsachen erinnern.

Erstens haben diejenigen, die vom Geist Gottes wiedergeboren worden sind, eine radikale Veränderung durchgemacht. Der Heilige Geist verändert die inneren Wünsche der Gläubigen und ihre Ziele, so dass sie andere Wünsche und eine neue geistliche Motivation haben.

Natürlich gibt es Rückschritte im Glauben und Kämpfe mit der Sünde, denn Gläubige sind, wie Luther sagte, »gleichzeitig Heilige und Sünder«. Doch wir sind verändert worden. Wir lieben jetzt Gott, während wir ihm vorher gleichgültig gegenüberstanden.

Zweitens fängt Gott an, wenn wir seine Kinder werden, uns zum Gehorsam zu erziehen. Gott lässt Auflehnung bei seinen Kindern nicht »durchgehen«. Manchmal geschieht die Erziehung durch Umstände, manchmal auch durch innere Verzweiflung.

Mir wurde erzählt, dass eine Christin einmal zu ihrem Pastor gesagt hat: »Für einen Christen ist Sünde etwas anderes als für den Nichtchristen«, worauf der Pastor antwortete: »Stimmt, für einen Christen ist sie wesentlich schlimmer!«

Frage

Sagte Jakobus nicht, dass wir durch Werke gerechtfertigt werden, und nicht allein durch Glauben? Warum bestehen Sie so sehr darauf, dass wir nur durch Glauben gerechtfertigt werden?

Antwort

Sowohl Paulus als auch Jakobus lehrten, dass Abraham durch Glauben allein gerechtfertigt wurde.

Einige Menschen sind der Ansicht, dass Jakobus lehre, Abraham sei durch Glaube *und* Werke gerettet worden, weil er schrieb: *»Ist nicht Abraham, unser Vater, aus Werken gerechtfertigt worden, da er Isaak, seinen Sohn, auf den Opferaltar legte? Du siehst, dass der Glaube mit seinen Werken zusammen wirkte und der Glaube aus den Werken vollendet wurde«* (Jak 2,21-22). Sie sehen das im Gegensatz zu Paulus, der sagte: *»Denn wenn Abraham aus Werken gerechtfertigt worden ist, so hat er etwas zum Rühmen, aber nicht vor Gott«* (Röm 4,2).

Jakobus widerspricht Paulus aber nicht, denn die beiden benutzen das Wort »Rechtfertigung« mit unterschiedlicher Bedeutung. Paulus redet von unserer Rechtfertigung vor Gott, während Jakobus von unserer Rechtfertigung vor anderen Menschen spricht. Er benutzt das Wort Rechtfertigung in dem Sinne, wie ich vielleicht fragen würde: »Kannst du deinen Glauben an Gott rechtfertigen (oder beweisen)?«

Wir wissen, dass Jakobus diese Bedeutung von Rechtfertigung meinte, weil es um zeitlich andere Ereignisse in Abrahams Leben geht. In 1. Mose 15,6 erneuert Gott den Bund mit ihm, und Abraham *»glaubte dem Herrn, und er rechnete es ihm als Gerechtigkeit an.«* Das ist die Rechtfertigung, von der Paulus sprach.

Viele Jahre später, als Abraham bereit war, Isaak auf dem Altar zu Opfern, wurde sein schon vorhandener Glaube bewiesen. Das, sagt Jakobus, war der Zeitpunkt, als er *»aus Werken gerechtfertigt«* wurde. Das war die Erfüllung seines ursprünglichen Glaubens.

Als Ergebnis seines Gehorsams gegen Gott in der Prüfung bezüglich Isaak (vgl. 1Mo 22) konnte Abraham nun *»Freund Gottes«* genannt werden (Jak 2,23; vgl. 2Chr 20,7; Jes 41,8). Zukünftige Generationen sahen seine Handlung als Beweis, dass er Gott wirklich über alles liebte. Hätte er Gott nicht gehorcht und wäre er nicht bereit gewesen, Isaak auf dem Altar zu opfern, wäre er noch immer durch seinen Glauben vor Gott gerechtfertigt gewesen (vgl. 1Mo 14–17). Aber indem er den

Gehorsamstest in 1. Mose 22 bestand, wurde sein Glaube gerechtfertigt, und er wurden von den Menschen besonders anerkannt.

Wir müssen uns daran erinnern, dass das Wort Rechtfertigung oftmals im Sinne von »beweisen« gebraucht wird (z. B. in Mt 12,37). Wir selbst benutzen das Wort »rechtfertigen« ja auch in verschiedenen Zusammenhängen, so wie es die Verfasser der Bibel auch taten.

Ein Aufruf zum Schluss

Manchmal sind Kinderreime mehr als nur Unsinn:

> Humpty Dumpty saß auf der Mauer,
> Humpty Dumpty fiel schlimm,
> alle Pferde des Königs und alle seine Diener
> konnten ihn nicht wieder zusammensetzen.

Dieses Gedicht könnte auf einen englischen Politiker gemünzt sein, aber es ist auch ein Bild für uns. Wir alle sind schlimm gefallen, und die Zeichen dafür sehen wir überall. Wir können uns einfach nicht wieder »zusammensetzen«. Und noch viel weniger können wir uns selbst mit Gott versöhnen. Nur Jesus kann unser Leben wieder reparieren, indem er die Kluft zwischen uns und Gott überbrückt.

Viele gute Menschen werden in die Hölle kommen, weil sie nur daran geglaubt haben, dass sie gut sind. Andere werden in dem Glauben sterben, dass sie zu sehr gesündigt haben, um errettet zu sein. Kein Wunder, denn »weit ist die Pforte und breit der Weg, der zum Verderben führt, und viele sind, die auf ihm hineingehen.«

Es geht nicht um die Frage, wie groß unsere Sünde ist oder wie lang die Liste unserer guten Taten. Die Frage lautet nur, ob wir unser Vertrauen allein auf Jesus gesetzt haben, weil wir überzeugt waren, dass er alles getan hat, was notwendig war und je notwendig sein wird, damit Gott uns willkommen heißen kann.

Ein alter Mann stand in einem Gottesdienst auf und sagte: »Ich habe 52 Jahre gebraucht, um dreierlei zu lernen.« Die Gemeinde wurde ganz still und hoffte, in drei Minuten zu erfahren, was ihn so viel Zeit zu entdecken gekostet hatte.

»Erstens«, fing er an, »habe ich gelernt, dass ich mich selbst nicht retten kann. Zweitens habe ich gelernt, dass Gott das gar nicht von mir erwartet hat.«

Und dann senkte er seine Stimme und fügte hinzu: »Und als Drittes habe ich gelernt, dass Gott durch Jesus Christus schon *alles* für mich getan hat.«

Genau so ist es. Für diejenigen, die bereit sind, ihre unsterblichen Seelen Christus anzuvertrauen, hat Gott schon alles getan.

Ich habe ein Gebet niedergeschrieben, und ich möchte Sie ermutigen, es nachzusprechen. Ich muss Sie aber warnen, dass nicht das Gebet Sie erretten wird. Das kann nur Jesus Christus tun. Wichtig ist, dass dieses Gebet Ihrem Herzenswunsch entspricht. Wenn Sie es im Glauben sprechen, dann wird Jesus Sie retten. Jesus wird auf den Glauben in Ihrem Herzen reagieren. Weichen Sie nicht aus, denn er hat versprochen, dass er alle annimmt, die zu ihm kommen.

»Gott im Himmel! Ich weiß, dass ich gesündigt habe und mich nicht selbst retten kann. Ich danke dir, dass Jesus Christus gestorben ist, um mich mit dir zu versöhnen. In diesem Augenblick nehme ich ihn als den an, der meine Sünden getragen hat. Ich bestätige, dass er für mich gestorben ist und nehme sein Opfer für mich an.

Ich empfange in diesem Augenblick, was ich nicht habe. Ich nehme das Geschenk des ewigen Lebens an, das du denen versprochen hast, die glauben. So gut ich kann, will ich nun all mein Vertrauen auf Jesus Christus setzen.

Danke, dass Du dieses Gebet im Namen Jesu Christi, des Herrn, erhört hast. Amen.«

»Wahrlich, wahrlich, ich sage euch: Wer mein Wort hört und glaubt dem, der mich gesandt hat, der hat ewiges Leben und kommt nicht ins Gericht, sondern er ist aus dem Tod in das Leben übergegangen« (Joh 5,24).

»Wer an den Sohn Gottes glaubt, hat das Zeugnis in sich; wer Gott nicht glaubt, hat ihn zum Lügner gemacht, weil er nicht an das Zeugnis geglaubt hat, das Gott über seinen Sohn bezeugt hat« (1Jo 5,10).

Dank sei Gott, der uns die Gewissheit gegeben hat, dass wir die Ewigkeit bei ihm verbringen dürfen.

Soli Deo Gloria
(Allein Gott die Ehre)

Buchempfehlung

Erwin W. Lutzer
»Wenn ihr urteilt ...«
Leben zwischen Richtgeist
und Toleranz
Pb., 160 Seiten

Best.-Nr. 273.647
€ (D) 13,90
€ (A) 14,30
SFR 25,40
ISBN 978-3-89436-647-6

Wir brauchen heute ein gesundes Urteilsvermögen, um die vielen Einflüsse in Welt und Gemeinde weise unterscheiden zu können. Bei der Gratwanderung zwischen lieblosem Richtgeist und unkritischer Toleranz haben viele die biblischen Maßstäbe zur Beurteilung aus den Augen verloren. Der Autor zeigt Kriterien, um Falsches und Halbwahrheit von Wahrem zu unterscheiden, und er macht Mut, sich neu der Herau s for derung biblischen Christentums zu stellen.

Christliche Verlagsgesellschaft mbH
Kompetent. Profiliert. Engagiert.

Buchempfehlung

Erwin W. Lutzer
Lass deine Vergangenheit hinter dir
Hoffnung im tiefsten Schmerz
Pb., 192 Seiten

Best.-Nr. 273.687
€ (D) 12,90
€ (A) 13,30
SFR 23,40
ISBN 978-3-89436-687-2

Alkohol, Kindesmissbrauch, Scheidung, Abtreibung, Homosexualität, Pornografie. Ist ein Neuanfang möglich? Niemand kann in seinem Leben noch mal an den Start zurückgehen. Wir sind aber nicht an unsere alten Fehler gebunden.

In diesem Buch zeigt Erwin Lutzer Gottes Rolle in dem Prozess, wie verletzte und entmutigte Menschen ihre Vergangenheit hinter sich lassen können. Sie stehen dem Schmerz nicht allein gegenüber, Gott ist bereit zu helfen.

Christliche Verlagsgesellschaft mbH
Kompetent. Profiliert. Engagiert.

Buchempfehlung

Erwin W. Lutzer
Das 70x7-Prinzip
Befreit aus dem Gefängnis
der Verbitterung
Pb., 160 Seiten

Best.-Nr. 273.637
€ (D) 11,90
€ (A) 12,20
SFR 21,50
ISBN 978-3-89436-637-7

Wir alle sind schon enttäuscht, beleidigt oder verletzt worden und wünschen uns Gerechtigkeit! Was aber, wenn Wiedergutmachung nicht möglich ist? Man kann am Ärger festhalten - und sich selbst ausbremsen - oder aber sich für Vergebung entscheiden.

Erwin Lutzer beschreibt Situationen, in denen es um den Umgang mit schwierigen Personen, Konflikte in der Familie oder unter Christen geht. In diesem kurzweiligen und leicht lesbaren Buch lernt man, wie man von Verbitterung zu Vergebung und geistlichem Wachstum gelangt.

Christliche Verlagsgesellschaft mbH
Kompetent. Profiliert. Engagiert.